La Casa de S. M. el Rey

Javier Cremades

La Casa de S. M. el Rey

Prólogo de
Antonio TORRES DEL MORAL

EDITORIAL CIVITAS, S. A.

Primera edición, 1998

Editorial Civitas, S. A.
Ignacio Ellacuría, 3. 28017 Madrid (España)
ISBN: 84-470-1049-X
Depósito legal: M. 14.923-1998
Compuesto en Gráficas Ferven
Printed in Spain. Impreso en España
por Closas-Orcoyen, S. L.
Paracuellos de Jarama (Madrid)

INDICE

ABREVIATURAS UTILIZADAS

BOE	Boletín Oficial del Estado.
CE	Constitución Española.
DÖV	Die Öffentliche Verwaltung (revista).
FJ	Fundamento Jurídico.
LF	Ley Fundamental de Bonn (1949).
RD	Real Decreto.
REDC	Revista Española de Derecho Constitucional.
STC	Sentencia del Tribunal Constitucional español.
VerwArch	Verwaltungsarchiv (revista).

PROLOGO

La Monarquía española está viviendo un momento dulce. Todo lo referente a ella interesa, e interesa de modo creciente. Una Monarquía recibida en 1975 con una buena dosis de prudente escepticismo, cuando no de preocupante conformismo, ha ido ganando peldaño a peldaño el lugar más destacado en la valoración que los ciudadanos hacen de las instituciones políticas.

No es ajena a ello —no puede serlo, no lo es nunca bajo ninguna forma política— la persona del Monarca español, del que tantos desatinos se dijeron durante el franquismo por parte del sector más inmovilista de aquel régimen y que ha sabido, primero, copilotar la transición política desde la dictadura a la democracia y, después, adaptarse a los modos y formas de la Monarquía parlamentaria, en la cual el Rey ve disminuidas sus potestades políticas pero aumentada su auctoritas *sobre las fuerzas políticas, sobre las instituciones del Estado y sobre la sociedad, que ve en él, efectivamente, el símbolo de la unidad y permanencia del Estado, como afirma con elegancia y precisión el artículo 56 de nuestra norma suprema.*

Pero, aun con escasos poderes políticos decisorios, el Rey tiene una intensísima vida institucional. No puede ser de otro modo. Un Rey parlamentario es Rey veinticuatro horas diarias trescientos sesenta y cinco días al año, por más que todos comprendamos —y él, además de comprenderlo, lo padezca— que eso reduce al mínimo su vida privada, la cual apenas se integra de momentos esporádicos prestos siempre a ser suspendidos para dar paso de nuevo al ejercicio de las funciones regias.

Para dicho ejercicio, para el officium *regio, es necesario el apoyo de un cierto aparato administrativo y logístico, necesidad a la que trata de hacer frente la institución de la Casa del Rey. Acaso cupiera sostener que tal función podría ser desempeñada por una sección especializada de la Administración Pública. No veo yo objeciones teóricamente insuperables a tal tesis. Pero las cosas de la Monarquía responden menos a la Teoría pura del Derecho que a la decantación histórica de usos y formas que la práctica ha ido puliendo y adaptando al nivel de los tiempos. Y el Derecho hará muy bien en no despreciar este ingrediente de su sustancia, que es sustancia histórica. Y eso es lo que se ha hecho en este caso: institucionalizar jurídicamente lo que la historia ofrece como una solución práctica aceptable.*

Este libro de Javier Cremades trata de dar respuesta a los interrogantes que se plantean cuando uno se asoma por primera vez a una institución tan peculiar como la Casa del Rey. Recorra el lector su índice y percibirá la pertinencia de preguntarse sobre la necesidad y justificación de dicha institución, sobre cuáles sean su organización y funcionamiento, sobre el nombramiento de sus miembros, así como sobre algo tan aparentemente abstracto como insoslayable en todo estudio jurídico que se precie: la naturaleza jurídica del instituto estudiado.

Creo que la discusión a la que el autor somete a tales preguntas es solvente, informativa e interesante. Solvente digo, en primer lugar, porque no orilla ninguno de dichos problemas y los somete a consideración con un manejo ágil y, al tiempo, concienzudo de la herramienta jurídica. Informativa también porque facilita al lector el conocimiento de una institución bastante ignorada entre nosotros, incluidos los especialistas. Interesante, en fin, porque, como decía al principio, todo lo referente a la Monarquía interesa hoy, y más si está bien hecho, como es el caso. De manera que su publicación es oportuna y manifiesta la fina sensibilidad del editor por estos problemas que a todos nos incumben pero que no todos nos detenemos a examinar.

Es un libro breve. Mejor. No hará falta evocar a Gracián para valorarlo así, sino apreciar que el autor, más que agotar el tema, pretende lanzarlo al público conocimiento y abrir brecha —bien que no faltan algunos y buenos estudios precedentes sobre la materia— en este nuevo rumbo de la Monarquía parlamentaria española. Y no sólo lo ha conseguido con una rara capacidad de síntesis, sino que aún dedica un capítulo a comparar la «solución» monárquica española con las de otra Monarquía, la belga, y varias repúblicas, como Italia, Austria, Francia y, especialmente, Alemania, cuyas oficinas presidenciales son la réplica en clave republicana de las Reales Casas. Confortados con el alimento espiritual del Derecho comparado, volvemos la vista a la actual configuración de la Casa del Rey y la hallamos administrativa y políticamente funcional aunque acaso falta de medios. Debe de ser la crisis...

Y un apunte, para terminar, acerca del nombramiento de los miembros de la Casa del Rey. La Constitución española no exige el refrendo gubernativo de tal nombramiento; antes al contrario, dice que el Rey «nombra y releva libremente a los miembros civiles y militares de su Casa». De modo solitario en la doctrina, he sostenido desde los inicios del actual régimen constitucional que sería conveniente —ya que no es jurídicamente obligatorio— que dichos nombramientos, sobre todo el del Jefe de la Casa, fueran refrendados por el Presidente del Gobierno, cuya confianza deberían tener dada su indisimulable trascendencia política y a la vista de los lamentables sucesos de cierto día 23 de febrero de cuyo año comenzamos a olvidarnos. Poco a poco se ha ido abriendo paso entre los constitucionalistas dicha opinión, todavía minoritaria, claro que con la ayuda inestimable de los protagonistas y de los hechos, pues, interpretándolo del mismo modo el propio Rey y el Gobierno, hace ya tiempo que los nombramientos más importantes de la Casa aparecen refrendados por el Presidente del Gobierno en el Boletín Oficial del Estado. Y es que lo bien hecho bien parece. Así lo entiende también, sensatamente, el autor de este libro.

Disfrute, pues, el lector con estas páginas sugerentes y discrepe si lo tiene a bien. Lectura y discrepancia —no obligatoria— que enriquecerán el acervo doctrinal sobre la Monarquía española, ámbito éste más transitado por el género literario periodístico que por el jurídico en el sentido estricto del término, a pesar de que su importancia objetiva y su oportunidad histórica podrían haber hecho esperar otra cosa. Ojalá anime a ello este libro, a lo que hacemos votos desde su humilde prólogo.

Madrid, enero de 1998.

Antonio TORRES DEL MORAL
Catedrático de Derecho Constitucional

PRESENTACION

Atendiendo los cursos de doctorado en los años académicos 1989/1990 y 1990/1991 en el Departamento de Derecho Constitucional de la UNED, tuve oportunidad de estudiar monográficamente las principales señas de identidad de la Monarquía Parlamentaria en España. Nació entonces un sincero y especial interés por la dimensión jurídica de la institución administrativa a su servicio, la Casa de Su Majestad (S. M., en adelante) el Rey. Apenas existía entonces literatura que, desde la particular óptica del Derecho, se ocupase de ella. Así era a pesar de las características especiales que convergen en la Casa de S. M. el Rey. Sobre ella recaen funciones políticas, administrativas y económicas de carácter público y oficial, junto a otras internas y privadas que, con base en aquéllas, afectan a la vida normal de una familia. Esa conjunción de público y privado, en un órgano de tan alta relevancia institucional, tan común por otro lado en casi todo lo concerniente a la Monarquía Parlamentaria, golpea ruidosa e insistentemente la puerta de la curiosidad del estudioso del Derecho Constitucional.

Si en aquel primer encuentro con la institución, en aquellos iniciales descubrimientos, encontré la simiente del presente trabajo, gracias a la posterior investigación acerté a identificar los más importantes problemas planteados, especialmente los derivados del uso de determinadas fuentes del derecho para regular la institución en relación con la independencia de actuación de S. M. el Rey, constitucionalmente establecida en el artículo 65.2 CE. De ese precepto se deriva, sin duda, cierta capacidad normativa autónoma, que goza de alguna similitud con la que en el ordenamiento jurídico español se reconoce a otros altos órganos del Estado, como el Congreso de los Diputados, el Tribunal Constitucional o el Poder Judicial. Esa autonomía regia debe ser adecuadamente combinada con los principios de irresponsabilidad e inviolabilidad del Jefe del Estado.

Desde esas premisas he querido profundizar, principalmente, en dos cuestiones. Ambas están relacionadas con el sistema de fuentes español. Se trata del uso reiterado del Real Decreto para nombrar a los miembros civiles y militares de la Casa de S. M. el Rey y para reestructurar la propia Casa. Existe al respecto una aparente paradoja. Es la que supone dar solución normativa a una decisión (sobre todo la primera) que es de exclusiva competencia regia (por mor del citado art. 65 de la Constitución) a través de una norma, el Real Decreto, que ha de aprobar el Gobierno, reunido en Consejo de Ministros, en ejercicio de su potestad reglamentaria. Esta costumbre —que por tal ha devenido en sí misma también en fuente del derecho con todo el alcance que le atribuyen la Constitución y las leyes—, permite salvar la irresponsabilidad del Jefe del Estado y dar juridicidad a algunas decisiones muy personales del Monarca pero de indudable trascendencia política. Nombrar o separar al Jefe de la Casa de S. M. el Rey; establecer que sea el Secretario General y no el Jefe del Cuarto Militar el Segundo Jefe, son decisiones de alcance institucional nada menos que en el órgano constitucional Jefatura del Estado. En el estudio presente también quedan de manifiesto otras relaciones entre la Jefatura del Estado y el sistema de fuentes.

He renunciado a profundizar en el tratamiento de la naturaleza jurídica del funcionamiento de la Casa y de su régimen económico y patrimonial —cuestiones que han suscitado vivas discrepancias doctrinales—, cuyas líneas fundamentales lógicamente se apuntan. Se ha renunciado también conscientemente a presentar un análisis en profundidad del diferente estatuto del personal al servicio de la Casa de S. M. el Rey y de algunas circunstancias plasmadas, por ejemplo, en la resolución de recursos de amparo del personal al servicio de la Casa de S. M. por el Tribunal Constitucional. Todo ello excedía del objetivo del presente trabajo, que no es otro que la sencilla descripción, de un lado, de los aspectos orgánicos y funcionales de la Casa de S. M. el Rey, y —de otro— la reflexión sobre algunas cuestiones derivadas de su naturaleza y funcionamiento que tienen un claro interés para el Derecho constitucional. En breve *excursus* por el Derecho comparado queda, entre otras cosas, de manifiesto la diferencia entre las funciones del Jefe de la Casa de S. M. el Rey y la misión política fundamental que, entre otras, tiene el Organo de Administración del Presidente Federal alemán *(Bundespräsidialamt)* al que había dedicado ya un trabajo anterior. El artículo 1 del Real Decreto 434/1988, de 6 de mayo, que reorganiza la Casa de S. M. el Rey, dibuja una *misión institucional* de la Casa, que es concebida como el Organismo que, bajo la dependencia directa de S. M., tiene como misión servirle de apoyo administrativo en las actividades derivadas del desempeño de sus funciones como Jefe del Estado. Dentro de esta misión general deberá atender especialmente las relaciones del Rey con los organismos oficiales, entidades y particulares, a la seguridad de su Persona y su Familia, así como a que se rindan honores reglamentarios y se den escoltas cuando proceda. Resulta, por tanto, de una incuestionable evidencia que no se trata de una mera dependencia doméstica, sino de un Organo de apoyo administrativo al servicio del Jefe del Estado.

La discusión con otros colegas y, sobre todo, con el Embajador Félix FERNÁNDEZ-SHAW, hoy compañero de avatares profesionales, experimentado diplomático, profundo jurista y Vicepresidente del Consejo Ejecutivo de la UNESCO, me han ayudado también a perfilar algunas de las posiciones que se adoptan en el libro.

El mencionado interés por la institución analizada se acentuó tras mi paso por la Universidad alemana. En los años de docencia en la Cátedra de Derecho Público de la Universidad de Regensburg (la Ratisbona sede de la Dieta Imperial durante tantos años, ciudad con cierto sabor piamontés que vio nacer a don Juan de Austria), cuyo titular es el por mí muy querido y respetado profesor Rainer ARNOLD (mi *Doktorvater*, el Director de mi Tesis Doctoral alemana) comprobé no sólo el generalizado desconocimiento, sino incluso la confusión que en aquel país —probablemente por republicano— *reina* sobre la naturaleza y funcionamiento de todo lo relacionado con la Monarquía Parlamentaria. Generalmente ésta resultaba ser erróneamente concebida por los estudiantes de Derecho —tanto por los que comenzaban como por los de semestres más avanzados— como una herencia de la historia que con demasiada frecuencia hacía chirriar los engranajes de un Estado de Derecho. Nada tiene eso que ver con la legitimidad democrática —por constitucional— que en la actualidad sustenta a la Monarquía en España, ni con el diseño de la Jefatura del Estado que realiza el Título II de la Constitución española, aprobada por las Cortes Constituyentes en 1978 y ratificada en referéndum el 6 de diciembre del mismo año.

Desde aquellos cursos de doctorado, en los primeros noventa, con frecuencia me he vuelto a encontrar con esta temática —antes y después de realizar la breve monografía que aquí se presenta—, tanto con motivo de la investigación como de la divulgación y la docencia. Siempre me pareció sugerente y atractiva: la institución en sí misma y las enjundiosas cuestiones que desde ella se plantean en relación con la Jefatura del Estado y la misma arquitectura del Estado de Derecho. Al lector sólo una cosa pido: entusiasmo a la hora de avanzar en el recorrido de estas páginas que aspiran a presentar algunas cuestiones directamente conectadas con una Institución que ha prestado sustanciales servicios a la democracia española, y que conserva una, en parte inexplorada a pesar de los ostensibles logros alcanzados, gran capacidad de suscitar respeto y adhesión en el conjunto de los ciudadanos.

Madrid, enero de 1998.

Javier CREMADES

La Casa de S. M. el Rey

I. INTRODUCCION

La Monarquía Parlamentaria no es otra cosa —en su más íntima quintaesencia— que el matrimonio entre la Corona —tradicional sede de la soberanía nacional— y la democracia. Ese peculiar e históricamente todavía novedoso vínculo descansa en los pilares básicos del Estado moderno. Son los que, en ejercicio de abstracción, la ciencia del Derecho constitucional ha venido a denominar como Estado de Derecho [1].

La Casa de S. M. el Rey es el Organismo que, con una dependencia directa y completa del Titular de la Corona, tiene como misión servirle de apoyo en cuantas actividades se deriven del ejercicio de sus funciones como Jefe del Estado. Dentro de esta general tarea y además de desempeñar cuantas funciones políticas, administrativas y económicas le correspondan, deberá atender especialmente a

---

[1] Cfr. Manuel GARCÍA PELAYO, *Del mito y de la razón en el pensamiento político,* Madrid, 1968.

las relaciones del Jefe del Estado con los organismos oficiales, entidades y particulares; a la seguridad de su Persona y Real Familia, así como a la rendición de los honores reglamentarios y a la prestación del servicio de escoltas cuando proceda. Del mismo modo deberá atender a la organización y funcionamiento del régimen interior de la Residencia de la Familia Real.

La Casa de S. M. el Rey, órgano de naturaleza pública y administrativa al servicio de la Jefatura del Estado, es una institución de gran relevancia y significado, también desde la óptica del Derecho constitucional. Sin su apoyo, las relevantes funciones constitucionales de la Corona serían difícilmente ejecutables. Por ello, la Casa de S. M. el Rey no debe ser considerada como un mero servicio doméstico del Rey. Así, la práctica totalidad de la normativa reguladora define la Casa de S. M. el Rey como un servicio de apoyo administrativo al Jefe del Estado, negando por ende su carácter de dependencia doméstica [2]. Puede, por tanto, decirse que la Casa reúne funciones políticas, administrativas y económicas de carácter público y oficial, con otras actividades internas y privadas que, con base en aquéllas, afectan a la vida normal de una familia (la del Titular de la Corona).

Por la propia naturaleza y trascendencia de esas funciones —las de la Corona—, el rol institucional de la Casa del Rey tiene, además del primer componente administrativo, una clara vocación política. Esta, lógicamente, se desarrolla en un plano distinto al del juego propio de los partidos políticos.

---

[2] Ver, entre otros, el artículo 1 del Real Decreto 434/1988, de 6 de mayo, sobre reestructuración de la Casa de S. M. el Rey (BOE núm. 112, de 10 de mayo).

La Casa de S. M. el Rey encuentra paralelismos, si bien desde distinta denominación y alcance institucional, en el seno de la práctica totalidad de las Jefaturas del Estado, ya sean de tipo monárquico o republicano [3]. Ello pone de relieve, de un lado, la necesidad de un órgano de semejante naturaleza. De otro lado, evidencia la existencia de un trasfondo común en el Derecho constitucional comparado sobre la materia.

A pesar de su relevancia institucional, la doctrina no se ha prodigado en exceso con respecto a esta institución, siendo —más bien— escasos los estudios publicados al respecto [4]. Casi de igual forma sucede en el resto de los países de nuestro entorno jurídico-político, tal vez con la excepción de Francia, donde la trascendencia política y constitucional del Elíseo, que radica en el propio rol institucional y político del Presidente de la República francés, hace que en buena parte de los trabajos doctrinales en los que se analiza la figura del Jefe del Estado aparezcan obligadas referencias al órgano que le informa, le apoya administrativamente y le asesora. De hecho, en aquel país son muchos los que hablan del Elíseo como de un auténtico Gobierno en la sombra.

La Casa del Rey, y lo mismo puede decirse de sus instituciones homólogas en los distintos ordenamientos,

---

[3] Cfr. Martín BASSOLS COMA, *Instituciones administrativas al servicio de la Corona: Dotación, Casa de S.M. el Rey y Patrimonio Nacional,* en «La Corona y la Monarquía Parlamentaria en la Constitución de 1978» (Pablo LUCAS VERDÚ, editor), Madrid, 1983, p. 153.

[4] Ver, principalmente, Luis María DÍEZ-PICAZO, *El régimen jurídico de la Casa del Rey,* en «Revista Española de Derecho Constitucional», núm. 6, 1982, pp. 115-138; Martín BASSOLS COMA, *Instituciones administrativas al..., obra citada,* pp. 151-196; Carmen FERNÁNDEZ-MIRANDA CAMPOAMOR, *La Dotación de la Corona. La Casa del Rey*, en «Revista de Derecho Político», núm. 33,1991, p. 127.

es una institución de honda raigambre y que ha jugado, a través de su evolución y sucesivas derivaciones, un papel de primer orden en la misma formación del Estado moderno [5].

A raíz de la emergencia del constitucionalismo contemporáneo, en torno a la Casa del Rey (también de la Dotación de la Corona y del Patrimonio Nacional), se van a forjar y moldear los perfiles más característicos que registran la transformación de la Monarquía absoluta en Monarquía Constitucional primero, y Monarquía Parlamentaria después [6].

Por tanto, puede decirse que la Casa de S. M. el Rey, en cuanto organismo estatal no administrativo al servicio de la Corona, denominación específica del órgano estatal Jefatura del Estado [7], si bien no sirve para caracterizar con rasgos absolutos y definitorios nuestro tipo de Monarquía, sí ilustra el cambio cualitativo experimentado en la concepción y en el ejercicio de una Jefatura del Estado de tipo

---

[5] Ver Martín BASSOLS COMA, *Instituciones administrativas al..., obra citada,* p. 154.

[6] Cfr. con respecto a la naturaleza y evolución histórica de la Monarquía limitada, Angel MENÉNDEZ REXACH, *La Jefatura del Estado en el Derecho Público español,* «Estudios Administrativos», INAP, Madrid, 1979, pp. 54, 56 y 57; L. DÍEZ DEL CORRAL, *El liberalismo doctrinario,* Madrid, 1973, tercera edición, p. 75; Manuel FERNÁNDEZ-FONTECHA TORRES/Alfredo PÉREZ DE ARMIÑÁN Y DE LA SERNA, *La Monarquía y la Constitución,* Madrid, 1987, p. 47; Karl SCHMITT, *Teoría de la Constitución* (traducción española por Francisco AYALA), Madrid, 1982, p. 280.

[7] Ver Carmen FERNÁNDEZ-MIRANDA CAMPOAMOR, *La Dotación de la Corona. La Casa del Rey,* en «Revista de Derecho Político», núm. 33, 1991, p. 127; Antonio TORRES DEL MORAL, *Principios de Derecho Constitucional Español,* 3.ª ed., vol. 2, Madrid, 1992, p. 7; Antonio TORRES DEL MORAL, *La Monarquía parlamentaria como forma política del Estado Español,* en «La Corona y la Monarquía Parlamentaria en la Constitución de 1978», (Pablo LUCAS VERDÚ, editor), Madrid, 1983, pp. 55-56.

monárquico, en relación con otras etapas históricas, próximas y remotas, de nuestro constitucionalismo. En tal sentido, ofrece elementos inter-pretativos auxiliares y complementarios del análisis jurídico-constitucional de la Monarquía Parlamentaria instaurada por la Constitución de 1978 [8].

La importancia política de la Casa de S. M. el Rey reviste, en mi opinión, gran relevancia, y a ella van unidas importantes cuestiones sustanciales y sustanciosas desde el punto de vista del Derecho Constitucional. El cumplimiento de un buen número de funciones atribuidas al Jefe de Estado, entre ellas la moderadora, arbitral y simbólica, todas ellas con cierta posibilidad de autonomía y con innegable trascendencia desde el punto de vista del Derecho Constitucional, acaban siendo residenciadas —por distintas vías y procedimientos y en distinto grado— en la Casa de S. M. el Rey. Las relaciones entre ésta y la Presidencia del Gobierno, por ejemplo, son continuamente animadas, impulsadas y mantenidas por el trabajo conjunto, la colaboración y la comunicación entre ambas instituciones, además, por supuesto, del más importante nivel de relación personal —igualmente periódica y continua— del Jefe del Ejecutivo y el Titular de la Corona.

También existen otros momentos en los que la función de la Casa del Rey reviste una importante relevancia institucional. Es el caso, por ejemplo, de la propuesta por parte del Jefe del Estado de candidato a Presidente del Gobierno tras la celebración de elecciones generales, para lo que el Rey debe recibir a los líderes de las distintas

---

[8] Ver Martín BASSOLS COMA, *Instituciones administrativas al..., obra citada,* p. 154.

fuerzas parlamentarias [9]. En estos momentos la labor de la Casa del Rey —de coordinación, información al Monarca y relación con los medios de comunicación— es importante, más aún teniendo en cuenta el actual panorama político español, en el que alguna fuerza política que reiteradamente manifiesta no aceptar el orden constitucional —y por tanto la función de las distintas instituciones del Estado, entre ellas la de su Jefatura—, ostenta representación parlamentaria.

El presente estudio comienza con el análisis de los orígenes históricos de la Casa del Rey, tanto en la época de la Monarquía absoluta, como desde la llegada del constitucionalismo a nuestro país. La Institución que se pretende analizar en esta investigación no es una creación del sistema constitucional que comienza con el Texto de 1978. El origen histórico de la Casa del Rey configura en buena medida su propia naturaleza presente.

A continuación se aborda el estudio de los motivos que justifican y hacen necesaria la existencia de un órgano administrativo al servicio de la Jefatura del Estado, y, lo que tal vez sea más interesante para el Derecho constitucional, por qué las funciones de apoyo administrativo, asesoramiento, información, etc., también se extienden no sólo al ámbito personal y doméstico del Monarca, sino al resto de su familia nuclear —esposa e hijos—, que no tienen —salvo el Príncipe de Asturias— relevancia constitucional directa o expresa. En este punto se deja notar ostensiblemente la diferencia con los sistemas republicanos. Al alejarse de este aspecto concreto las diferencias se aminoran a

[9] Cfr. Javier CREMADES, *El Rey, árbitro,* en «Diario 16», 1 de junio de 1993, p. 4; Javier CREMADES, *La formación de Gobierno y el Rey,* en «Diario 16», 25 de junio de 1993, p. 4.

favor de importantes similitudes. Ekkehart STEIN, al referirse en su ya clásico *Staatsrecht* [10] al Jefe de Estado, al Presidente de la República, utiliza en su primera introducción el título: «La sombra del Monarca». Si es posible emparentar —por razones históricas y jurídicas— las figuras del Rey en una Monarquía Parlamentaria y del Presidente en una República, con mucha más razón lo es constatar similitudes entre sus respectivos órganos de apoyo administrativo, como más adelante se verá. También se apuntan las principales características de la Dotación de la Corona o Lista Civil y el Patrimonio Nacional, con una clara conexión con la Casa (más la Dotación, que el Patrimonio Nacional) y con su régimen económico-patrimonial.

Posteriormente se analizan la organización y funcionamiento de la Casa de S. M. el Rey. Las funciones y la relevancia del Jefe de la Casa, la más importante de sus figuras, pues en definitiva es en él —o en su sustituto— en quien deriva la responsabilidad regia.

De especial importancia es la precisa determinación de la naturaleza jurídica y exacto alcance de la normativa reguladora. Esa cuestión, y la del refrendo, están estrechamente unidas. El hecho de que hasta ahora siempre se haya venido utilizando el Real Decreto —norma de origen gubernamental con rango reglamentario— tanto para la propia regulación de la Casa, como para efectuar los nuevos nombramientos y ceses, ha sido criticado sistemáticamente por la doctrina. En el trabajo se adopta una postura distinta, justificando la utilización de ese tipo de norma en el hecho de que sustrae, por un lado, la regulación de la Casa —un órgano estrechamente vinculado a la propia

---

[10] La primera edición data de 1968. Yo he manejado la novena edición ampliada; E. STEIN, *Staatsrecht,* Tübingen, 1984, pp. 34 ss.

Corona— al debate parlamentario, que podría ser innecesariamente desgastador —y por ello muy costoso— en una cuestión como ésta. La voluntad popular queda a salvaguarda mediante la vía del consenso que en este tipo de materias y forma de proceder han mostrado la práctica totalidad de las fuerzas políticas parlamentarias. De otro lado, se garantiza la necesaria coordinación entre el Ejecutivo y la Corona. Además, se asegura la irresponsabilidad regia mediante el refrendo del Presidente del Gobierno incluso en una cuestión en la que el Monarca dispone de la autonomía constitucional que con respecto a los nombramientos de la Casa de S. M. el Rey le concede el artículo 65.2 de la Carta Magna. Dicha autonomía es siempre respetada en el terreno de la práctica constitucional, que hace que este tipo de cuestiones resulten siempre previamente consensuadas.

Por último se analizan distintas instituciones de apoyo administrativo, información y asesoramiento a la Jefatura del Estado en Alemania (con especial detalle), Francia, Italia, Austria y Bélgica, para poner de manifiesto las similitudes —y en su caso las diferencias— de este tipo de instituciones fundamentalmente en aquellos países con forma de Estado republicana. He elegido la Casa del Rey en la Monarquía belga —hubiera servido también cualquier otra— como ejemplo de lo que son instituciones prácticamente simétricas en todas las Monarquías europeas. Me interesaba, sin embargo, más el contraste con los órganos propios de las Jefaturas de Estado republicanas.

II. FUNDAMENTOS HISTORICOS

1. Paralelismo de la Casa de S. M. el Rey con la propia institución monárquica

La actual configuración de la Casa de S. M. el Rey sólo puede comprenderse en su totalidad a la luz de sus antecedentes históricos, así como de determinados principios jurídico-dogmáticos.

La institución monárquica se identifica históricamente con el fenómeno cortesano. De la Casa del Rey medieval vino a desgajarse lo que hoy se denomina Administración Pública [1]. La separación entre la Casa del Rey y los diferentes Ministerios se inicia ya durante la Monarquía absoluta, pero no viene a consolidarse hasta la época posterior

---

[1] Ver Martín BASSOLS COMA, *Instituciones administrativas al..., obra citada,* p. 154. Cfr. Antonio TORRES DEL MORAL, *Principios de Derecho..., obra citada,* vol. 2, p. 19.

a la Revolución Francesa [2]. A partir de ese momento las competencias de la Casa del Rey se centran básicamente en tareas administrativas y de intendencia, así como en la gestión del patrimonio de la realeza, siendo el Monarca absolutamente libre para su disposición y organización [3]. Desde sus orígenes, la Casa Real ha sido un organismo con una dependencia directa del Rey. Del mismo modo, en España, a pesar de la experiencia histórica que supuso la titularidad simultánea en 1818, durante el reinado de Fernando VII, del Mayordomo —Jefe de la Casa del Rey— como Secretario de Despacho, ha existido siempre una separación entre la Casa del Rey y la Administración Civil [4]. Por lo demás, la Monarquía española y las institu-

---

[2] Ver Carmen FERNÁNDEZ-MIRANDA CAMPOAMOR, *La Dotación de..., obra citada,* p. 135; Martín BASSOLS COMA, *Instituciones administrativas al..., obra citada,* p. 165; Luis LÓPEZ GUERRA, *Artículo 65,* en «Comentarios a las Leyes Políticas» (editor O. ALZAGA), vol. V, Madrid, 1983, p. 362. Cfr. Antonio TORRES DEL MORAL, *Estado de Derecho y Democracia de Partidos,* Madrid, 1991, pp. 293 ss. A pesar de tal evolución, las imbricaciones de la Casa de S. M. el Rey y los distintos ministerios, y el Ejecutivo, han estado siempre de algún modo presentes. Así, por ejemplo, el Decreto 2157/1977, de 23 de julio, que crea el distintivo de la Casa de Su Majestad el Rey, prevé que tanto la concesión de ese distintivo, con carácter permanente, como la autorización para uso del mismo, sean otorgados por el Ministro de Defensa, que deberá contar con el informe favorable del Jefe de la Casa. Sin duda este ejemplo concreto se explica porque la Monarquía entonces existente, preconstitucional, tenía poderes propios, entre ellos —al menos materialmente— el Ejecutivo. Ver también artículo 1.1 de la Orden de 17 de abril de 1978, relativa a la tramitación de concesiones y autorizaciones del distintivo de la Casa de S. M. el Rey.

[3] Cfr. Angel MENÉNDEZ REXACH, *La Jefatura del..., obra citada,* p. 429; Martín BASSOLS COMA, *Instituciones administrativas al..., obra citada,* pp. 165-166; Carmen FERNÁNDEZ-MIRANDA CAMPOAMOR, *La dotación de..., obra citada,* p. 135,

[4] Cfr. Angel MENÉNDEZ REXACH, *La Jefatura del..., obra citada,* pp, 457 ss.; Martín BASSOLS COMA, *Instituciones administrativas al..., obra citada,* p. 166.

ciones a ella sustancialmente vinculadas, evolucionó durante el siglo XIX sincrónicamente con las de los demás reinos europeos [5].

2. LA CASA DE S. M. EL REY EN EL CONSTITUCIONALISMO HISTÓRICO ESPAÑOL [6]

La institución que venimos estudiando encuentra eco en una buena parte de los textos en los que se encarna la historia constitucional española. Ya en el Estatuto de Bayona, promulgado el 6 de junio de 1808 y jurado dos días más tarde por José BONAPARTE, se recogía de modo expreso la institución de la Casa Real, a la que se dedicaba el Título V, *De los oficios de la Casa Real,* compuesto por dos artículos: el 25, en el que se establecían seis jefaturas de la Casa [7] y el 26, que se ocupaba de los restantes miembros de la servidumbre de la Casa Real [8]. La configuración constitucional dibuja una Casa Real de asistencia doméstica y cortesana al Rey, lejos de toda oficina de asesoramiento en cuanto a sus funciones constitucionales.

---

[5] Cfr. Manuel JIMÉNEZ DE PARGA, *El Estatuto del Rey en España y en las Monarquías Europeas,* en «La Corona y la Monarquía Parlamentaria en la Constitución de 1978» (Pablo LUCAS VERDÚ, editor), Madrid, 1983, p. 126.

[6] Para la consulta de los distintos textos que lo integran, he utilizado la edición de Jorge DE ESTEBAN, *Constituciones españolas y extranjeras,* tomo I, Madrid, 2.ª ed., 1979.

[7] Ostentadas respectivamente por el capellán mayor, el mayordomo mayor, el camarero mayor, el caballerizo mayor, el montero mayor y el gran maestro de ceremonias.

[8] Estos eran los gentiles-hombres de Cámara, mayordomos de semana, capellanes de honor, maestros de ceremonias, caballerizos y ballesteros.

Pero no es hasta la Constitución de Cádiz, primer texto propiamente dicho del constitucionalismo español [9], cuando puede apreciarse que el principal fundamento de la Casa del Rey, junto al de intendencia y apoyo en las necesidades cotidianas del Monarca, radica en la administración de la Dotación y el patrimonio propio y asignado a la Corona [10]. En esta Constitución se realiza una separación entre el patrimonio del Estado y el de la familia real. Al comienzo de cada reinado debía ser fijada una Dotación anual para el Rey, su familia y su Casa, cuya cuantía no podía sufrir modificación posterior alguna [11].

En el Estatuto Real de 1834 —texto que puso término definitivo al régimen absolutista en España— no se hace mención alguna de la Casa del Rey.

En la Constitución de 18 de junio de 1837 [12], que dedica tres Títulos a la Corona [13] (Título VI, *Del Rey;* Título VII, *De la Sucesión de la Corona;* Título VIII, *De la menor edad del Rey y de la Regencia*), se hace una mención indirecta al establecer en su artículo 43 la incompatibilidad

---

[9] Estructurado en 10 Títulos y 384 artículos, dedica el Título IV, *Del Rey* (con 73 artículos) a la configuración constitucional de la Monarquía.

[10] Ver los artículos 213-221 de la Constitución de Cádiz de 1812. Ver Martín BASSOLS COMA, *Instituciones administrativas al..., obra citada,* p. 166. Cfr. Roberto L. BLANCO VALDÉS, Rey, *Cortes y Fuerza Armada en los orígenes de la España liberal, 1808-1823,* Madrid, 1988, pp. 113 ss.

[11] Ver artículos 213 y 220 de la Constitución de Cádiz de 1812. Asimismo, Antonio TORRES DEL MORAL, *Constitucionalismo Histórico Español,* segunda edición, Madrid, 1988, p. 46.

[12] Con ella se consolida definitivamente el régimen constitucional en España. El texto tiene claras influencias, como apunta SÁNCHEZ AGESTA, positivistas y utilitaristas: Luis SÁNCHEZ AGESTA, *Historia del Constitucionalismo Español,* Instituto de Estudios Políticos, 3.ª ed., Madrid, 1974, pp. 265 ss.

[13] Cfr. Yolanda GÓMEZ, *Derecho Político I,* Madrid, 1991, p. 34.

entre el mandato parlamentario y todo oficio en la Casa del Rey [14]. Del mismo modo ocurre en las Constituciones de 23 de mayo de 1845 y de 1 de junio de 1869.

Ni en la Constitución de 30 de junio de 1876, ni en la de la Segunda República española se hace referencia a Gabinete u Oficina alguna de apoyo al Jefe del Estado. A pesar de ello, siempre existió, con fundamento jurídico infraconstitucional, o bien la Casa del Rey, como órgano de apoyo y asistencia al servicio del Jefe del Estado, u otro con semejante finalidad en los períodos republicanos. Así, durante la Segunda República se creó, en virtud de la Ley de 5 de diciembre de 1931, la Casa Oficial del Presidente de la República, dotada de una estructura dual: la Secretaría General y el Jefe del Cuarto Militar [15].

La actual Casa de S. M. el Rey se creó a raíz de la proclamación del Príncipe de España, don Juan Carlos de Borbón, como Rey de España. El Gobierno, como se explica en el Preámbulo del Decreto 2942/1975, de 25 de noviembre (BOE 26 de noviembre) [16], consideró oportuno y necesario establecer la mencionada institución, unificando en ella las Casas Civil y Militar del anterior Jefe del Estado. Se entiende que se utilizara la figura del Decreto, refrendado por el Presidente del Gobierno Arias Navarro, pues entonces el Rey, según lo previsto por las Leyes de

---

[14] Ver Luis LÓPEZ GUERRA, *Artículo 65, obra citada,* p. 363. Cfr. Antonio COLOMER VIADEL, *Los liberales y el origen de la Monarquía Parlamentaria en España,* Madrid, 1988, pp. 140 ss.

[15] Ver Martín BASSOLS COMA, *Instituciones administrativas al..., obra citada,* p. 169.

[16] Desarrollado por las Ordenes del Ministerio del Ejército de 31 de diciembre de 1975 (Diario Oficial de 3 de enero) y de 28 de enero de 1976 (Diario Oficial de 31 de enero) por las que se crearon el Cuarto Militar de la Casa de S. M. el Rey.

Sucesión y Orgánica del Estado, tenía poderes propios, entre los que se encontraba el reglamentario [17].

Es importante, asimismo, señalar su constitucionalización en el artículo 65 CE la aprobación del Decreto 310/1979, de 13 de febrero (BOE 23 de febrero), que derogó el Decreto 2942/1975 y reestructuró la organización de la Casa del Rey y la posterior promulgación del Real Decreto 434/1988, de 6 de mayo, sobre reestructuración de la Casa de S. M. el Rey [18].

---

[17] Cfr. Luis Fernando VIGIER GLARÍA, *La Casa le S. M. El Rey. El Cuarto Militar. Derecho de Petición de las Fuerzas Armadas. El Asesor Jurídico-Militar de la Casa de S. M. El Rey,* trabajo inédito, Madrid, 1994, p. 5. Agradezo al autor, Luis Fernando VIGIER GLARÍA, Coronel Auditor, Jefe de los Servicios Jurídicos del Cuarto Militar de la Casa del Rey, la confianza y generosidad manifestada al confiarme el referido manuscrito y autorizar su cita.

[18] Cfr. Carmen FERNÁNDEZ-MIRANDA CAMPOAMOR, *La dotación del..., obra citada,* pp. 135, 138; Luis María DÍEZ-PICAZO, *El régimen jurídico..., obra citada,* p. 117; Martín BASSOLS COMA, *Instituciones administrativas al..., obra citada,* p. 170.

III. NECESIDAD Y JUSTIFICACION DE LA CASA DE S. M. EL REY

1. El apoyo al Jefe del Estado

La necesidad del Jefe del Estado de disponer de un órgano administrativo propio para el ejercicio de sus funciones constitucionales es la primera y principal de las justificaciones de la existencia de la Casa de S. M. el Rey. De hecho, en la práctica totalidad de los regímenes y sistemas estatales existe un aparato de administración y asesoramiento al servicio del Jefe del Estado [1].

---

[1] Cfr. Klaus SCHLAICH, *Der Status des Bundespräsidenten,* en «Handbuch des Staatsrechts» (Josef ISENSEE/Paul KIRCHHOF, editores), vol. II, Heidelberg, 1987, pp. 534 ss.; Franz SPATH, *Das Bundespräsidialamt,* Düsseldorf, 1990, pp. 6 ss.; Bernhard W. KRACK, *Staatsoberhaupt und Streitkräfte,* Würzburg, 1990, pp. 2 ss.; N. OCCHIOCUPO, *Il Segretario generale della Presidenza della Repubblica,* Milán, 1973, pp. 9 ss.; Biancamaria ALLARA, *La struttura della Presidenza della Repubblica,* Milán, 1974, pp. 14 ss.; BISCARETTI DI RUFFIA, *Diritto Costituzionale,* Nápoles, 1980, pp. 429 ss.; Paolo BARILE, *Istituzioni di Diritto Pubblico,* Padova, 1987, pp. 187-188; Charles DEBBASCH, *Institutions et droit administratifs,* París, 1976,

TORRES DEL MORAL sostiene que el motivo fundamental para constituir un organismo de la naturaleza de la Casa del Rey es el aseguramiento de la irresponsabilidad e inviolabilidad del Monarca [2]. FERNÁNDEZ-MIRANDA, de forma complementaria, opina que el fundamento de la constitucionalización de la Casa de S. M. el Rey radica en su misión administradora respecto a la Dotación de la Corona, si bien encuentra su justificación en el aseguramiento de la mencionada irresponsabilidad del Monarca [3].

En mi opinión, la referida justificación se apoya en tres argumentos de naturaleza funcional. En primer lugar se encuentra la necesidad de garantizar la independencia y el adecuado cumplimiento de las funciones del más alto de los órganos estatales. En segundo lugar, la necesidad de asegurar la irresponsabilidad e inviolabilidad regia. Por último, no debe olvidarse la necesidad de asistencia personal y familiar de orden doméstico al Rey, así como de administrar la Dotación de la Corona [4]. Así, la Casa de S. M. el Rey tiene una misión política, administrativa y económica de carácter público y oficial que necesita de actividades de naturaleza interna y privada que, con base en

---

pp. 135-136; Jean MASSOT, *Chef de l'Etat et chef du Gouvernement. Dyarchie et hiérarchie,* París, 1993, pp. 14 ss.; Klaus BERCHTOLD, *Der Bundespräsident,* Viena/Nueva York, 1969, pp. 21 ss.; Manfried Welan, *Das österreichische Staatsoberhaupt,* en «Österreichischen Jahrhuch für Politik» (Andreas KHOL/Günther OFNER/Alfred STIMEMANN, editores), vol. II, Viena, 1985, pp. 12 ss.

[2] Antonio TORRES DEL MORAL, *Principios de Derecho..., obra citada,* vol. 2, p. 19.

[3] Carmen FERNÁNDEZ-MIRANDA CAMPOAMOR, *La dotación de..., obra citada,* p.136.

[4] Ver Javier CREMADES, *Los fundamentos históricos y dogmáticos de la Casa del Rey y del Bundespräsidialamt: un estudio comparativo,* en «Revista de Derecho Político», Madrid, 1992, núm. 35, pp. 153 y 162-163.

la primera, afecta también a la vida doméstica de la familia del Jefe del Estado.

Si la gestión o administración de los asuntos propios del Rey y su familia —incluso los domésticos— no estuviera encomendada a un organismo público autónomo de naturaleza administrativa, no insertado en la Administración Pública en sentido estricto, la propia independencia que también la Corona necesita para el cumplimiento de sus funciones se vería amenazada. Existiría el peligro de que en el juego de *checks and balances* entre los órganos del Estado, propio de la versión moderna de la división de poderes, existiese una clara preponderancia del órgano constitucional del Gobierno [5].

Por tanto, la existencia de un órgano de apoyo y asesoramiento al Jefe del Estado no sólo es necesaria para el cumplimiento material de las funciones del Jefe del Estado y para su asistencia doméstica y familiar, sino —sobre todo— para preservar la independencia necesaria para la persistencia del órgano de la Corona, tal y como ha sido configurado por la Constitución de 1978 [6].

2. Justificación de la asistencia doméstica personal y familiar al Monarca

Especial atención merece la cuestión de la asistencia doméstica al Rey y su familia. Como se ha visto, de la normativa

[5] Ver Luis María Díez-Picazo, *El régimen jurídico..., obra citada,* p. 116.

[6] Sabino Fernández Campo, quien fuera primero Secretario General de la Casa de S. M. el Rey (octubre 1977 a enero de 1990) y luego Jefe de la Casa (enero 1990-enero 1993), relata que sus relaciones con Julio Feo, cuando fue Secretario General de la Presidencia del Gobierno, discurrieron en todo momento en términos de cooperación, comunicación, entendimiento e independencia. Ver Sabino Fernández Campo, *Prólogo,* en «Aquellos años» (Julio Feo), Madrid, 1993, pp. 9 ss.

reguladora de la Casa de S. M. el Rey (art. 1 del Real Decreto 434/1988, de 6 de mayo, sobre reestructuración de la Casa de S. M. el Rey) se desprende que el Organo no es un mero servicio o apoyo doméstico al Rey y su familia, sino que está revestido de una importante misión institucional de trascendencia constitucional. Ello no es óbice para que el complejo Organo también preste servicio doméstico personal y familiar al Jefe del Estado. Es más, como puede deducirse del Preámbulo de la disposición interna del Jefe de la Casa de S. M. el Rey, de 28 de noviembre de 1988, de desarrollo del Real Decreto 434/1988, de 6 de mayo, la actividad de la Casa de S. M. el Rey tiene, también, una clara dimensión interna y privada que afecta a la esfera doméstica y familiar del Jefe del Estado y su familia, que en todo caso encuentra fundamento y justificación en la primera y más importante función política, administrativa y económica de carácter público y oficial.

Si de la consideración objetiva se pasa a la contemplación de su titularidad, se observa en la figura del Rey una doble dimensión: la pública, como «oficio» o Magistratura titular de la Corona, y la doméstica, como persona privada o ciudadano [7]. Por múltiples razones, en las Monarquías Parlamentarias no es fácil deslindar la persona del Rey del Jefe del Estado. En la mayoría de los casos, ambas facetas del mismo personaje aparecen confundidas. No sucede de igual forma en las Jefaturas de Estado de tipo republicano, donde la única faceta que interesa al derecho constitucional es la orgánica, siendo casi indiferente la privada y perfectamente deslindable de la pública [8].

---

[7] Ver Martín BASSOLS COMA, *Instituciones administrativas al..., obra citada,* p. 158.

[8] Ver Martín BASSOLS COMA, *Instituciones administrativas al..., obra citada,* p. 158.

En el actual ordenamiento constitucional español, el Rey es Rey, excepto en casos de abdicación [9], desde su coronación hasta el final de sus días. Y no es que el Rey no muera jamás, sino que su muerte sólo supone, a efectos iuspublicistas, la incorporación, sin saltos ni vacíos (cuando existan herederos y, en todo caso, según la fórmula del art. 57 CE), del nuevo Titular de la Jefatura del Estado [10]. Como ha señalado TORRES DEL MORAL, *el Rey es Rey trescientos sesenta y cinco días al año y veinticuatro horas diarias. Nada en él ni en su familia es ajeno a los intereses del Estado... En lo tocante a la Corona, todo es de Derecho Público* [11]. De hecho, la Monarquía hereditaria implica la extrapolación al orden político de una serie de instituciones de carácter privado como la herencia y la familia [12]. Por tanto incluso su familia está, de cierta forma y en cierto grado vinculada a su posición institucional [13].

---

[9] Ver al respecto, Manuel FERNÁNDEZ-FONTECHA TORRES/Alfredo PÉREZ DE ARMIÑÁN Y DE LA SERNA, *La Monarquía y..., obra citada,* pp. 214-221; Antonio TORRES DEL MORAL, *Principios de Derecho..., obra citada,* vol. 2, p. 13; Ramón LÓPEZ VILAS, *La sucesión en la Corona (Comentarios al art. 57 de la Constitución),* en «La Corona y la Monarquía Parlamentaria en la Constitución de 1978» (Pablo LUCAS VERDÚ, editor), Madrid, 1983, pp. 145 ss.; Ramón ENTRENA CUESTA, *Artículo 57,* en «Comentarios a la Constitución» (editor GARRIDO FALLA), Madrid, 1985, pp. 960-961; Javier CREMADES, *Efectos del principio hereditario en las funciones moderadora, arbitral y simbólica del Rey,* en «Estudios sobre la Monarquía Parlamentaria» (Antonio TORRES DEL MORAL/Yolanda GÓMEZ, editores), Madrid, 1995, p. 209.

[10] Cfr. Miguel HERRERO RODRÍGUEZ DE MIÑÓN, *Artículo 56 —El Rey—,* en «Comentarios a las Leyes Políticas» (editor O. ALZAGA), vol. V, Madrid, 1983, p. 47; Ramón LÓPEZ VILAS, *La sucesión en..., obra citada,* p. 133.

[11] Antonio TORRES DEL MORAL, *Principios de Derecho..., obra citada,* vol. 2, p. 21.

[12] Ver Ramón LÓPEZ VILAS, *La sucesión en..., obra citada,* p. 133.

[13] Cfr. Antonio TORRES DEL MORAL, *El oficio de Rey,* en «Diario 16», 4 de abril de 1993, p. 4.

En la práctica, toda la familia nuclear del Rey comparte, en cierto modo y con intensidad muy diversa según se trate del Príncipe de Asturias, la Reina o las infantas, el ejercicio de las funciones simbólica y representativa del Jefe del Estado [14].

Es precisamente en el principio hereditario donde se fundamenta tanto el hecho de que la tarea de apoyo de la Casa de S. M. el Rey abarque también tareas domésticas, además de las públicas e institucionales, como que se extienda, asimismo en tareas domésticas y oficiales, al resto de la Familia Real.

El Rey es el Jefe del Estado, pero también lo serán sus sucesores, en función del orden sucesorio constitucional. La Monarquía Parlamentaria se encuentra esencialmente vinculada al principio hereditario [15]. Tan esencial es dicha relación que puede afirmarse que la Monarquía tendría importantes dificultades para encontrar su ubicación en el Estado constitucional, si no fuera hereditaria. Por convenio o arbitrio, el Constituyente, depositario de la soberanía popular, ha decidido, de alguna manera, sustraer a un grupo de personas con vínculos de sangre, a toda una

---

[14] Así, por ejemplo, en diciembre de 1996 la Infanta Cristina viajaba a Arabia Saudita, en visita oficial al Rey Fahd. El Presidente del Gobierno, José María Aznar, acudió a despedirla —con lo que ello puede suponer de refrendo— al aeropuerto de Barajas. El 14 de enero de 1997, S. A. R. don Felipe de Borbón, junto con su padre el Rey, presidía la reunión de la Junta de Defensa Nacional. En marzo de 1988, el Príncipe de Asturias viajaba en visita oficial, en representación de España, a Japón.

[15] Ver Antonio TORRES DEL MORAL, *Estado de Derecho..., obra citada,* p. 301. Cfr. Manuel JIMÉNEZ DE PARGA, *El Rey y el Gobierno en Bélgica y Holanda,* en «Estudios de Ciencia Política y Sociología. Homenaje al profesor Carlos Ollero» (obra colectiva), Madrid, 1972, pp. 330, 346-347; Raymond FUSILIER, *Les Monarchies Parlementaires,* París, 1960, pp. 374 ss.

familia, del posible y legítimo juego político e institucional cotidiano para consagrarla a la más alta de las magistraturas del Estado para que, sin poderes propios [16], sin protagonismo político alguno más allá del que sus importantes funciones le atribuyan, simbolice la unidad y permanencia del Estado y arbitre y modere el funcionamiento mismo de las instituciones [17]. Por supuesto que no se trata de un ejercicio del más puro de los racionalismos. En todas las Monarquías Constitucionales, tanto la opción monárquica como la elección y determinación de la persona y familia concreta que la encarnan, ha venido determinada, con independencia de la plena soberanía del Poder Constituyente [18], por condicionantes históricos próximos y remotos [19].

---

[16] Cfr. Antonio TORRES DEL MORAL, *Principios de Derecho..., obra citada,* vol. 2, p. 37.

[17] Cfr. Javier CREMADES, *La función arbitral de la Monarquía,* en «Annals of the Archive of F. V. i Taberner's Library: Studies in the History of Political Thought, Political and Moral Philosophy, Business and Medical Ethics, Public Health and Juridical Literature», núms. 11/ 12, 1991, pp. 741 ss. Sobre la teoría del poder neutro de B. CONSTANT, ver Mariano GARCÍA CANALES, *La Monarquía parlamentaria española,* Madrid, 1991, pp. 98-102. Cfr. Miguel Angel GARCÍA HERRERA, *Monarchia e Costituzione,* en «Una Costituzione democratica per la Spagna» (Giuseppe DE VERGOTTINI, editor), Milán, 1978, pp. 57-58.

[18] Cfr. Antonio TORRES DEL MORAL, *La Monarquía parlamentaria..., obra citada,* p. 52.

[19] Ver al respecto los trabajos de Laureano LÓPEZ RODÓ, *La larga marcha hacia la Monarquía,* Barcelona, 1979; Juan Pablo FUSI, *Franco,* Madrid, 1985, pp. 85 ss.; Antonio TORRES DEL MORAL, *Principios de Derecho..., obra citada,* vol. 2, p. 10; Joaquín TOMÁS VILLARROYA, *Artículo 57 —Sucesión a la Corona—,* en «Comentarios a las Leyes Políticas» (editor O. ALZAGA), vol. V, Madrid, 1983, pp. 97 113; Mariano GARCÍA CANALES, *La Monarquía parlamentaria.., obra citada,* pp. 140,161; Manuel ARAGÓN REYES, *Dos estudios sobre la Monarquía parlamentaria en la Constitución española,* Madrid, 1990, pp. 26 ss.; Javier CREMADES, *Los fundamentos históricos..., obra citada,* pp. 154 ss.

Esta forma de disponer la Jefatura del Estado, la propia Monarquía, necesita del principio hereditario para poder alcanzar la virtualidad que se le exige [20]. No sólo lo necesita, sino que le es intrínseco. La transmisión hereditaria de la dignidad real es expresión del carácter institucional de la Corona [21]. El propio Estado constitucional español, el mismo pueblo soberano, al optar por la Monarquía, ha optado por un sistema de provisión de la Jefatura del Estado que tiene su punto central en la cuestión dinástica. De esta manera, a la colectividad se le sustrae la posibilidad general de acceder a la más alta Magistratura del Estado. Dicha posibilidad sólo quedaría para un reducido grupo de personas, candidatos únicos, por decisión constitucional en primera instancia, y genética en segunda, a la condición u oficio de Rey-Jefe del Estado [22].

Si las ventajas de la Monarquía quieren ser reconocidas, también habrá que constatar que una buena parte de ellas se derivan de su carácter hereditario. Estos son la base y el presupuesto necesario tanto de la imparcialidad como de la continuidad que le han de ser propias [23], y, con ellas, de su capacidad de moderación y arbitraje.

---

[20] Una ejemplificación histórica al respecto puede encontrarse en Heinrich Otto MEISNER, *Die Lehre vom monarchischen Prinzip,* Darmstadt, 1969 (nueva impresión de la edición de Breslau de 1913), pp. 15 ss.; Friedrich Julius STAHL, *Das Monarchische Princip*, Heidelberg, 1845, pp. 1 ss.; Sidney PAINTER, *The Rise of the feudal Monarchies,* Nueva York, 1967, pp. 7 ss.; Dieter GRIMM, *Deutsche Verfassungsgeschichte 1776-1866,* Frankfurt a. M., 1988, pp. 113-116.

[21] Ver Miguel HERRERO RODRÍGUEZ DE MIÑÓN, *Artículo 56 —El Rey—,* en «Comentarios a las Leyes Políticas» (editor O. ALZAGA), vol. V, Madrid, 1983, p. 47.

[22] Cfr. Manuel FERNÁNDEZ-FONTECHA TORRES/Alfredo PÉREZ DE ARMIÑÁN Y DE LA SERNA, *La Monarquía y..., obra citada,* p. 202.

[23] Ver Ramón LÓPEZ VILAS, *La sucesión en..., obra citada,* p. 133.

De esta forma se entiende que el Jefe del Estado, y toda su familia nuclear —matrimonio regio e hijos, esto es, los que normalmente viven en el domicilio regio—, necesiten del apoyo de un organismo administrativo a su servicio, tanto en tareas domésticas, como públicas u oficiales.

Debe por último recordarse, en cuanto al hecho de que la Casa de S. M. el Rey, apoye y asesore también a la familia nuclear del Jefe del Estado, que tanto la Reina, como el Rey consorte en su caso, el Príncipe de Asturias, o la Princesa de Asturias en su caso [24], como las Infantas pueden asumir y de hecho han asumido en la práctica funciones de representación. En diversas ocasiones el Príncipe de Asturias ha llegado a asumir funciones de representación exterior del Estado, propias del carácter simbólico del Monarca [25].

---

[24] Sobre la *polémica* preferencia —dentro del mismo grado— del varón sobre la mujer en el orden sucesorio establecido en el artículo 57 CE, ver: Pilar MELLADO PRADO/Yolanda GÓMEZ SÁNCHEZ, *En torno a la posible inconstitucionalidad del apartado primero del art. 57 de la Constitución española de 1978,* en «Revista de Derecho Político», núm. 22, pp. 175-193; Antonio TORRES DEL MORAL, *Principios de Derecho..., obra citada,* vol. 2, pp. 10-11; Ramón LÓPEZ VILAS, *La sucesión en..., obra citada,* p. 136; Ramón ENTRENA CUESTA, *Artículo 57, obra citada,* pp. 953-954; Manuel FERNÁNDEZ-FONTECHA TORRES/Alfredo PÉREZ DE ARMIÑÁN Y DE LA SERNA, *La Monarquía y..., obra citada,* pp. 197-198; Joaquín TOMÁS VILLARROYA, *Artículo 57..., obra citada,* p. 124.

[25] Javier CREMADES, *Efectos del principio hereditario en las funciones moderadora, arbitral y simbólica del Rey,* en «Estudios sobre la Monarquía Parlamentaria» (Antonio TORRES DEL MORAL/Yolanda GÓMEZ, editores), Madrid, 1995, p. 208. Ver nota a pie de página núm. 14, *ad infra.*

3. LA CLASIFICACIÓN DUAL DE LAS FUNCIONES DE LA CASA DE S. M. EL REY

Como ya se ha visto, la Casa de S. M. el Rey tiene una misión principal que es asistir al Monarca en cuantas actividades se deriven del ejercicio de sus funciones como Jefe del Estado. Por ello, las funciones principales de la Casa son aquellas políticas, administrativas y económicas de carácter público y oficial. Junto a ellas, y con fundamento en ellas, debe desempeñar otras internas y privadas que afectan a la persona del Rey y a su familia, a su vida privada, normal, a su ámbito doméstico.

En el artículo 2 del Real Decreto 434/1988, de 6 de mayo, que establece la ordenación general y completa de la Casa de S. M., se establecen estos dos tipos de funciones [26]:

a) Las que sólo revisten *trascendencia interna.* Esto es, los servicios de infraestructura material y personal que afectan al protocolo, seguridad y honores, así como a la organización y funcionamiento del régimen interior de la residencia de la Familia Real. Sin duda, también estos cometidos posibilitan, si bien indirectamente, el ejercicio de las funciones del Jefe del Estado. El reconocimiento e importancia de la asistencia personal al Monarca se plasma, por ejemplo, en el artículo 19 del Real Decreto 2099/1983, de 4 de agosto, que aprueba el Reglamento de Precedencias en el Estado: «El Alto Personal de la Casa de S. M. el Rey, cuando acompañe a SS. MM. los Reyes, se situará en un lugar especial y adecuado de acuerdo con-

---

[26] Cfr. Carmen FERNÁNDEZ-MIRANDA CAMPOAMOR, *La dotación de..., obra citada,* p. 137; Martín BASSOLS COMA, *Instituciones administrativas al..., obra citada,* p. 172.

las características y circunstancias de cada caso, sin interferir el orden general de precedencias, con la proximidad necesaria a las Reales Personas, para que pueda cumplir, cerca de Ellas, la misión que le corresponde».

b) Las que se manifiestan directamente hacia el exterior y, por tanto, pueden poner en marcha mecanismos constitucionales. Es decir, atender las relaciones del Rey con organismos oficiales, entidades y particulares. Por ejemplo, el artículo 18 del Real Decreto 2099/1983 establece que «la Casa del Rey, por orden de S. M. el Rey, comunicará oportunamente a la Jefatura de Protocolo del Estado los miembros de la Familia Real que asistan en cada caso al acto oficial de que se trate...». Estas funciones tienen relevancia pública y afectan directamente a las funciones simbólica, arbitral y moderadora del Rey.

4. La Dotación de la Corona

El artículo 65.1 de la Constitución Española establece que «El Rey recibe de los Presupuestos del Estado una cantidad global para el sostenimiento de su Familia y Casa, y distribuye libremente la misma». Este sistema de dotación presupuestaria difiere sensiblemente de los antecedentes de las demás Constituciones monárquicas precedentes. En los artículos 213 y 220 de la Constitución de 1812 se establecía que las Cortes debían fijar la dotación anual que estimaran conveniente asignar al Rey para su Casa, de acuerdo a la dignidad de su Persona. Esta fórmula se mantendrá, con ligeras modificaciones gramaticales, a lo largo de todo el siglo XIX en las Constituciones monárquicas españolas. En el artículo 67 de la Constitución de 1931 se establecía que por ley se determinaría la

Dotación para el Presidente de la República, siendo ésta inalterable durante el período de su magistratura. En 1830 comienza el actual sistema de dotación o Lista Civil. En virtud de él el Rey renuncia, a favor del Tesoro Público, a las rentas hereditarias. Se consagra así la distinción entre el patrimonio del Rey y el Patrimonio del Estado.

La cantidad global que recibe el Rey no es un sueldo o salario, sino que constituye el presupuesto de un Organo del Estado que ha de distribuirse según establezca el propio Organo, en todo dependiente del Jefe del Estado. Por otro lado, en nuestro ordenamiento no existe una distinción entre lo que es asignación al Jefe del Estado y lo que es la Dotación para el Organo. La asignación sería la remuneración pecuniaria, con la consiguiente apropiación privada, al titular de la Jefatura del Estado por el cargo público que desempeña. Sin embargo, la dotación consiste en la cantidad dineraria, perteneciente a la Hacienda Pública, de la que el Organo de la Jefatura del Estado puede disponer para satisfacer sus necesidades y cumplir con dignidad su alto rol institucional [27].

La Dotación de la Casa de S. M. el Rey se incluye anualmente dentro de los Presupuestos Generales del Estado. Su cuantía es propuesta por el Jefe de la Casa, que además tiene la competencia de autorizar y ordenar el gasto. Ha de entenderse que el Jefe, tanto en este asunto, como en la propia confección del Presupuesto y distribución de la dotación, actúa en nombre de S. M. el Rey, salvando su responsabilidad.

---

[27] Cfr. Luis María DÍEZ-PICAZO, *El régimen jurídico..., obra citada,* p. 125; Carmen FERNÁNDEZ-MIRANDA CAMPOAMOR, *La dotación de..., obra citada,* p. 132.

En cuanto al control de la actividad presupuestaria y de gasto de la Casa, aquél se efectúa por diferentes vías y procedimientos. Existe, en primer lugar, el control —previo e indirecto— de las Cortes Generales, ya que la Dotación de la Corona ha de ir incluida en los Presupuestos Generales del Estado. En cuanto al control preventivo o administrativo, éste debe referirse únicamente a los aspectos formales del gasto. El Director General del Tesoro, como ordenador general del pago del Estado (art. 75 de la Ley General Presupuestaria), deberá verificar:

a) Que el Jefe de la Casa haya sido el responsable de la ordenación del gasto.

b) Que dicho gasto no sea superior a la cuantía de la Dotación presupuestada [28].

Debe negarse, por otra parte, la posibilidad de un control material del gasto por parte del Tribunal de Cuentas o de las Cortes y no ya porque la Casa de S. M. el Rey no es una Administración Pública en el sentido clásico sino por la amplia autonomía en el ámbito financiero y contable que el artículo 65.1 de la Constitución atribuye al Rey, que tiene competencias para dirigir —por sí mismo o por terceros— la propia gestión y distribución de la Dotación. La referida autonomía sería incompatible con el control que lleva a cabo el Tribunal de Cuentas, cuya finalidad es fiscalizar los aspectos materiales del gasto público. La única obligación contable que corresponde a la Casa de S. M. el Rey es la función llevada a cabo por la Secretaría General: llevar una contabilidad interna que permita al Jefe de la

---

[28] Ver Carmen FERNÁNDEZ-MIRANDA CAMPOAMOR, *La dotación de..., obra citada,* p. 133.

Casa elaborar el Presupuesto que presentará ante las Cortes Generales [29].

5. El Patrimonio Nacional

a) *Concepto*

La Casa de S. M. el Rey es una organización que, como la propia familia nuclear del Rey o Reina, desempeña su tarea en unas dependencias concretas (el Palacio de la Zarzuela, en la actualidad) que son parte del Patrimonio Nacional. Existen destacadas conexiones entre la Casa de S. M. el Rey y el Patrimonio Nacional, aunque ciertamente son de menor relevancia y actualidad que en el caso de la Dotación de la Corona o Lista Civil. Así, por ejemplo, una de las Unidades de la Secretaría General de la Casa de S. M. el Rey, el Servicio de Intendencia, fue históricamente un servicio independiente, de gran relevancia porque tutelaba el Patrimonio Real, hoy Patrimonio Nacional, fuera de la Administración de la Casa.

El Patrimonio Nacional es una masa de bienes públicos, de titularidad del Estado, afectados al uso y servicio de la Jefatura del Estado para el ejercicio de la alta representación que la Constitución y las leyes le atribuyen y que se rigen por una normativa específica: la Ley 23/1982, de 16 de junio [30].

La presencia de dicho Patrimonio es común a las formas de Estado monárquicas o republicanas. Sin embargo, como sucede con la propia Casa de S. M. el Rey,

---

[29] Ver Carmen Fernández-Miranda Campoamor, *La dotación de..., obra citada,* p. 134.

[30] Carmen Fernández-Miranda Campoamor, *La dotación de..., obra citada,* p. 143; M.ª Victoria García-Atance y García de Mora, *El Patrimonio Nacional,* en «Revista de Derecho Político», núm. 33, 1991, pp. 169-171.

nos encontramos, obviamente, con que el origen de la Institución es típicamente monárquico.

b) *Evolución histórica*

La patrimonialización del poder era el rasgo común de la Monarquía feudal: el reino era propiedad del Rey.

Pero cuando el Príncipe progresivamente rescata a través de instrumentos políticos el poder feudal, surgiendo entonces la Monarquía absoluta, disminuye el protagonismo político de los fenómenos patrimoniales [31].

De esta manera, surge la necesidad, ya en el Antiguo Régimen, de deslindar el patrimonio de la Corona (que seguía siendo el Reino) del caudal privado del Rey. Esto significaría que el Rey poseería un patrimonio a título de Institución, pero ya no ejercería ningún «dominio eminente» sobre la propiedad de los súbditos.

Al principio, este deslinde se opera a través de técnicas de Derecho Privado (se apela a la idea de un mayorazgo o vinculación especial). Será con la llegada del constitucionalismo cuando dicho deslinde se opere, de manera efectiva, a través de instrumentos de Derecho Público, regulando administrativamente el antes denominado patrimonio de la Corona, que pasa a configurar la Hacienda Pública, los bienes de la Nación, los bienes del dominio público y otras instituciones, siendo ahora todos ellos titularidad del Estado [32].

En España, sin embargo, dicha operación resulta muy difícil: el constitucionalismo no sólo no se afirma a lo largo del siglo XIX, sino que se experimentan regresiones

---

[31] Ver Martín BASSOLS COMA, *Instituciones administrativas al..., obra citada,* p. 174.

[32] *Ibidem.*

al Antiguo Régimen, ofreciendo como resultado la superposición de las técnicas de Derecho Privado y las de Derecho Público en la regulación patrimonial de la Corona [33].

Si se examina la evolución de esta cuestión en el constitucionalismo español puede observarse la siguiente línea evolutiva: se pasa de una preocupación inicial por separar el Patrimonio de la Corona del patrimonio o caudal privado del Rey, a un planteamiento en el que surge un conflicto entre su atribución a la Corona como Institución, o al Estado. Se desemboca, finalmente, en la plena titularidad del Estado, permaneciendo su afectación a la Jefatura del Estado como fin principal, sin perjuicio de que complementaria y concurrentemente se destine a usos culturales, sociales y de investigación [34].

Los hitos más significativos de esta trayectoria histórica son:

a) La primera regulación legislativa general y uniforme del Patrimonio de la Corona es la Ley de 12 de mayo de 1865. Se trata de una norma de clarificación. Por primera vez en nuestra historia se define el contenido y alcance enumerativo de los bienes que lo integran, ordenando la formación de un inventario, elaborado por una Comisión Mixta, Gobierno y Cuerpo Colegisladores. Se declara que el Patrimonio de la Corona es indivisible, inalienable e imprescriptible, requiriéndose una Ley para todo tipo de donaciones, permutas, enfiteusis o cualquier otro tipo de enajenaciones. El Rey está facultado para hacer cualquier tipo de modificaciones, reparaciones, demoliciones y re-

[33] Ver Martín BASSOLS COMA, *Instituciones administrativas al..., obra citada,* pp. 174.

[34] *Ibidem,* p. 176.

edificaciones en dichos bienes, al tiempo que ostenta el goce de los montes de arbolado.

Los gastos para la conservación, mejora y sustitución de los bienes del Patrimonio, serán de cargo de la Casa del Rey. Paralelamente, se reconoce un caudal privado que pertenece en pleno dominio al Rey [35].

b) A raíz del proceso revolucionario de 1869 y la instauración de un Monarca «elegido», tiene lugar el primer cambio institucional de amplia consideración que se plasma en la Ley de 18 de diciembre de 1869: se declara extinguido el Patrimonio de la Corona, fundado por la Ley de 12 de mayo de 1865. Los bienes y derechos comprendidos bajo la anterior denominación y la de Real Casa revierten en pleno dominio al Estado. Los bienes que se incorporan al Estado se declaran en estado de venta a excepción de: los que se destinan al uso y servicio del Rey; los que por su carácter histórico y artístico deban conservarse y los que convenga destinar para el servicio del Estado. Con respecto al Rey, se sigue manteniendo la capacidad para constituir un caudal privado.

Con la Restauración, las Leyes de 26 de junio de 1876 restablecen el patrimonio de la Corona, devolviendo vigencia a la Ley de 12 de mayo de 1865, que fundaba el Patrimonio de la Corona [36].

c) Con la proclamación de la República en 1931, se procede a la incautación del Patrimonio que fue de la Corona de España, por parte del Estado. Posteriormente

---

[35] Ver Martín BASSOLS COMA, *Instituciones administrativas al..., obra citada,* pp. 176-177.

[36] *Ibidem,* pp. 178-179.

se dictó la Ley de 22 de marzo [37] de 1932, que constituye el Patrimonio de la República, como un todo, señalando el destino preferente al que deban dirigirse dichos bienes: fines de carácter científico, sanitario, docente, social y turístico [38].

d) La Ley de 7 de marzo de 1940 articula el «Patrimonio Nacional como un todo o unidad jurídica indivisible, que se regirá por lo dispuesto en esta ley», quedando adscritos en la parte que sean adecuados al uso y servicio del Jefe del Estado, especificándose que la propiedad de los mismos corresponde al Estado. Dicha Ley y disposiciones complementarias han sido expresamente derogadas por la Ley del Patrimonio Nacional de 16 de junio de 1982 [39].

c) *Constitucionalización del Patrimonio Nacional*

La Institución del Patrimonio Nacional está constitucionalizada en el artículo 132.3 CE: «Por Ley se regularán el Patrimonio del Estado y el Patrimonio Nacional, su administración, defensa y conservación». Su encuadramiento dentro del Título VII —Economía y Hacienda— es correcto, ya que en él se trata toda la problemática patrimonial del Estado [40].

---

[37] Gaceta Oficial de 24 de marzo de 1932. Ver también el Real Decreto de 13 de junio de 1932 por el que se aprueba el Reglamento de explotación del Patrimonio de la República.

[38] Ver Martín BASSOLS COMA, *Instituciones administrativas al..., obra citada,* p. 179.

[39] *Ibidem,* p. 179.

[40] *Ibidem.*

d) *Los principios informadores de la Ley del Patrimonio Nacional*

a') Titularidad estatal de los bienes. Afectación al uso y al servicio del Rey y de la Real Familia

Según el artículo 2 de la Ley «tienen la calificación jurídica de bienes del Patrimonio Nacional los de titularidad del Estado afectados al uso y servicio del Rey y de los miembros de la Real Familia para el ejercicio de la alta representación que la Constitución y las leyes les atribuyen». Se trata de una singular y necesaria disposición para comprender la nueva significación que en nuestro ordenamiento presenta el Patrimonio Nacional: la ley distingue entre titularidad de los bienes y su afectación [41].

— Los bienes del Patrimonio Nacional son bienes de titularidad del Estado. La titularidad no se atribuye a la Corona.

— Sin embargo, se adscriben o afectan a un uso o servicio concreto y distinto del genérico —uso y servicio público de naturaleza administrativa— cual es el de la magistratura constitucional del «Rey y de los miembros de la Real Familia para el ejercicio de la alta representación que la Constitución y las Leyes les atribuyen». Debe destacarse que desde el punto de vista objetivo, el Patrimonio Nacional se caracteriza por el hecho de que unos determinados bienes están afectos al servicio del Rey y de la Real Familia, en atención no propiamente a su individualidad personal, sino en cuanto que desempeñan o ejercen una función constitucional: las funciones arbitral,

[41] Ver Martín BASSOLS COMA, *Instituciones administrativas al..., obra citada,* pp. 187-188.

simbólica y moderadora. Esta «alta representación» que traslaticiamente atribuye la Ley de Patrimonio Nacional a su Familia, es la proclamada en el artículo 56 de la Constitución.

Debe puntualizarse que la calificación jurídica de «bienes del Patrimonio Nacional» deriva *ex novo* de la propia atribución de la Ley. Es sólo la atribución de la Ley positiva la que les otorga este carácter y con la delimitación física que la misma expresa [42]. Es por ello que:

1. El actual Patrimonio Nacional no coincide con el delimitado con anterioridad a la Ley.

2. El Patrimonio Nacional no es sino una especialización funcional del Patrimonio del Estado.

3. La configuración actual del Patrimonio Nacional no es un patrimonio estático. Por la vía de la afectación de nuevos bienes [arts. 4.8 y 8.*j)*] o desafectación de los existentes, por haber «dejado de cumplir sus finalidades principales», puede ser ampliado o disminuido [43].

b') Afectación concurrente de los bienes del Patrimonio Nacional a fines culturales, científicos y docentes

El artículo 3 establece la concurrencia —cuando sea compatible— de afectaciones de dichos bienes. La principal, al servicio de la Corona y la concurrente de las finalidades de orden cultural, científico y docente. Así, en el referi-

---

[42] Ver M.ª Victoria GARCÍA-ATANCE Y GARCÍA DE MORA, *El Patrimonio Nacional, obra citada,* p. 163. Martín BASSOLS COMA, *Instituciones administrativas al servicio del..., obra citada,* p. 189.

[43] Ver Martín BASSOLS COMA, *Instituciones administrativas al servicio del..., obra citada,* p. 189; M.ª Victoria GARCÍA-ATANCE Y GARCÍA DE MORA, *El Patrimonio Nacional, obra citada,* p. 163.

do artículo se afirma: «en cuanto sea compatible con la afectación de los bienes del Patrimonio Nacional, a la que se refiere el artículo anterior, el Consejo de Administración adoptará las medidas conducentes al uso de los mismos con fines culturales, científicos y docentes. Asimismo, velará por la protección del ambiente y por el cumplimiento de las exigencias ecológicas de los terrenos que gestione y, especialmente, en el Monte de El Pardo» [44].

c') Naturaleza jurídica de los bienes del Patrimonio Nacional

De la naturaleza jurídica de los bienes del Patrimonio Nacional pueden destacarse las siguientes notas principales [45]:

— Se declara en primer lugar que el régimen jurídico será el propio definido en la Ley y el Reglamento que se dicte para su desarrollo (art. 6).

— Supletoriamente, será de aplicación la Ley del Patrimonio del Estado (art. 6).

— Se proclama el carácter de bienes inalienables, imprescriptibles e inembargables (art. 6.2).

— A efectos fiscales gozarán de las mismas exenciones que los bienes de dominio público del Estado (art. 6.2) [46].

---

44 Ver opiniones al respecto en Luis María DÍEZ-PICAZO, *El régimen jurídico..., obra citada,* p. 124; Martín BASSOLS COMA, *Instituciones administrativas al..., obra citada,* p. 190; M. ª Victoria GARCÍA-ATANCE Y GARCÍA DE MORA, *El Patrimonio Nacional, obra citada,* p. 164.

45 Ver M.ª Victoria GARCÍA-ATANCE Y GARCÍA DE MORA, *El Patrimonio Nacional, obra citada,* p. 166; Martín BASSOLS COMA, *Instituciones administrativas al..., obra citada,* pp. 192-193.

46 Ver Luis María DÍEZ-PICAZO, *El régimen jurídico..., obra citada,*

Al mismo tiempo se prevé que el Consejo de Administración podrá solicitar del Ministerio de Hacienda «el ejercicio de las prerrogativas de recuperación, investigación y deslinde que corresponden al Estado respecto de los bienes de dominio público» (art. 6.2, apartado 2.°).

Los bienes del Patrimonio Nacional serán inscritos en el Registro de la Propiedad como de titularidad estatal (art. 6.2).

A los bienes del Patrimonio Nacional de valor o carácter histórico-artístico, les será de aplicación la legislación sobre patrimonio histórico-artístico nacional (art. 6.3). La Disposición final primera de la Ley prevé que el reglamento de la misma articulará «el régimen de visitas de los inmuebles del Patrimonio y de los Reales Patronatos con criterios análogos a los de la legislación sobre monumentos histórico-artísticos» [47].

d') Aplicación de las normas de derecho común

Una de las más singulares características del texto legal que regula el Patrimonio Nacional es la remisión al derecho común del régimen jurídico de la gestión y administración del Patrimonio Nacional. Se marca, así, una sustancial diferencia con otras soluciones propias de diferentes etapas históricas [48].

---

p. 124; M.ª Victoria García-Atance y García de Mora, *El Patrimonio Nacional, obra citada,* p. 166; Martín Bassols Coma, *Instituciones administrativas al..., obra citada,* p. 192.

[47] Cfr. M.ª Victoria García-Atance y García de Mora, *El Patrimonio Nacional, obra citada,* p. 167; Martín Bassols Coma, *Instituciones administrativas al..., obra citada,* p. 192.

[48] Ver Martín Bassols Coma, *Instituciones administrativas al..., obra citada,* p. 195.

IV. ORGANIZACION Y FUNCIONAMENTO

En las siguientes páginas se pretende presentar la estructura interna, la organización y el funcionamiento de la Casa de S. M. el Rey[1]; las relaciones de jerarquía y subordinación existentes. Cómo ha ido evolucionando al respecto. Así, por ejemplo, hasta 1987, el Segundo Jefe de la Casa, y por lo tanto el sustituto del Jefe de la Casa, era el Jefe del Cuarto Militar. En la actualidad, desde la aprobación del Real Decreto 1677/1987, de 30 de diciembre, lo es el Secretario General. También se aborda, si bien someramente, el estatuto jurídico del personal al servicio de la Casa del Rey.

La Casa de S. M. el Rey constituye un Organismo único, bajo la dependencia del Jefe de la Casa, a quien corresponde ejercer la dirección, coordinación e inspección de todos los servicios civiles y militares que la componen.

---

[1] Ver al respecto el Apéndice Documental núm. IV, *ad supra.*

La unidad de la Casa es compatible con la responsabilidad en el ejercicio de las actividades comprendidas en la organización de la Casa y atribuidas a los distintos cargos designados al efecto.

En la organización de la Casa se ha evitado reproducir una estructura de órganos con funciones paralelas a los de la Administración del Estado, por razones de economía administrativa. En este sentido se prevé (art. 13 del RD 434/1988, de 6 de mayo) que los distintos Departamentos de la Administración del Estado proporcionen a la Casa de S. M. los informes, dictámenes o asesoramientos de cualquier naturaleza que la Casa solicite para el cumplimiento de las misiones a ella encomendadas.

No puede negársele a estas cuestiones una clara relevancia constitucional, como en las páginas que siguen puede observarse.

1. El jefe de la Casa

El Jefe de la Casa es la figura central de esta organización. La principal, y más general, de sus funciones es *asegurar el normal funcionamiento de la Casa, así como el cumplimiento de las funciones asignadas a la misma* [2]. El Jefe de la Casa tiene importantes competencias para cuyo cumplimiento dispone de una oficina de apoyo y asistencia inmediata, directamente dependiente del mismo, y hasta la que podrían incorporarse cinco miembros, como

---

[2] Artículo 3.1 del Real Decreto 434/1988, de 6 de mayo, sobre reestructuración de la Casa de S. M. el Rey. Sobre los distintos Jefes y Secretarios Generales de la actual Casa de S. M. el Rey, desde su creación, ver el Apéndice Documental núm. III, *ad supra*.

personal técnico de asesoramiento [3]. Conforme a su más alta posición en el organigrama de la Casa, la misión del Jefe es servir al Monarca de apoyo en cuantas actividades se deriven del ejercicio de sus funciones como Jefe del Estado. El Jefe de la Casa es una persona de gran cercanía al Rey, y tiene la misión de realizar todos los encargos que el Monarca le encomiende. Su relación con él es directa y continua. Por todo ello, su rol institucional es de la máxima relevancia. Sus funciones no son sólo políticas, a diferencia de lo que sucede con otros órganos similares en el Derecho comparado, como el *Bundespräsidialamt* alemán.

Las competencias del Jefe de la Casa son las siguientes [4]:

a) Dirigir e inspeccionar todos sus servicios.

b) Mantener comunicación con Ministerios y otros organismos superiores de la Administración del Estado o Instituciones con respecto a los asuntos que afecten a las funciones de la Casa, bien directamente, a través de la Secretaría General o delegando asuntos concretos en el responsable del servicio que estime más conveniente dentro del nivel correspondiente.

c) Realizar la propuesta de presupuesto de la Casa [5].

---

[3] Ver artículo único del Real Decreto 657/1990, de 25 de mayo, que modifica el Real Decreto 434/1988, de 6 de mayo, sobre reestructuración de la Casa de Su Majestad el Rey.

[4] Artículo 3.1 del Real Decreto 434/1988, de 6 de mayo, sobre reestructuración de la Casa de S. M. el Rey.

[5] Cfr. Carmen FERNÁNDEZ-MIRANDA CAMPOAMOR, *La dotación de..., obra citada,* pp. 130-134; Luis María DÍEZ-PICAZO, *El régimen jurídico..., obra citada,* pp. 125-127; Martín BASSOLS COMA, *Instituciones administrativas al..., obra citada,* pp. 164-165.

d) Disponer los gastos propios de los Servicios de la Casa, siempre dentro del importe de los créditos autorizados y en la cuantía reservada a su competencia por determinación del Rey.

e) Firmar los contratos relativos a asuntos propios de la Casa.

f) Disponer las normas de coordinación precisas entre la Guardia Real y el Servicio de Seguridad.

g) Presidir las reuniones periódicas o extraordinarias de la Junta de Gobierno de la Casa de S. M., constituida en virtud de las «Normas» internas de la Casa de 28 de noviembre de 1988, en desarrollo del RD 434/1988, de 6 de mayo. Cuando lo considere oportuno podrá delegar esta presidencia en el Secretario General.

h) Ejecutar cualquier otra misión que S. M. el Rey le encomiende [6].

Para apoyos en materias no oficiales derivadas de su cargo el Jefe de la Casa contará con una Secretaría Particular.

En caso de ausencia o enfermedad, el Jefe de la Casa es sustituido por el Secretario General, Segundo Jefe de la Casa [7].

Además, el artículo 14 del Real Decreto 434/1988, de 6 de mayo, sobre reestructuración de la Casa de S. M. el

[6] Las funciones descritas en los apartados *g)* y *h)* no están previstas en el RD 434/1988, de 6 de mayo, pero sí en las «Normas» internas de la Casa, de 28 de noviembre de 1988, que lo desarrollan.

[7] Artículo 4.1 del Real Decteto 434/1988, de 6 de mayo, sobre reestructuración de la Casa de S. M. el Rey.

Rey prevé que el Jefe de la Casa dicte las normas de funcionamiento interno necesarias para la aplicación y desarrollo de la mencionada disposición. Se reconoce, por tanto, al Jefe de la Casa el ejercicio de la potestad reglamentaria interna del Organo, cuyo primer titular es lógicamente, S. M el Rey. En ejercicio de esa potestad, las mencionadas «Normas» fueron aprobadas el 28 de noviembre de 1988. En su Preámbulo se les reconoce un carácter provisional hasta que, tras el paso de un tiempo prudencial, «se pueda constatar en la práctica su eficacia y obtener las experiencias necesarias que deban recogerse, antes de su entrada en vigor con carácter definitivo». Así, el Jefe de la Casa también aprobó, y es un nuevo ejemplo del ejercicio de esa potestad reglamentaria interna, el 17 de abril de 1996, una Resolución interna en virtud de la cual se reestructura la Secretaría General de la Casa, y se suprimen la Oficina del Jefe de la Casa y la Agrupación de Actividades de la Secretaría General.

El Jefe de la Casa asume la personalidad jurídica de la misma, y su consecuente representación y responsabilidad [8].

En virtud del artículo 65.2 de la Constitución Española S. M. el Rey puede nombrar al Jefe de la Casa. Por razones de prudencia política y de juridicidad estatal que más adelante se analizarán, su nombramiento se ha efectuado siempre mediante Real Decreto, lo que en la práctica viene a significar el refrendo del Presidente del Gobierno.

---

[8] Ver, en cuanto a su carácter representativo, el destacado lugar que se le asigna y reconoce en los artículos 10 y 12 del Real Decreto 2099/1983, de 4 de agosto, que aprueba el Reglamento de Precedencias en el Estado.

Corresponden al Jefe de la Casa todas aquellas funciones —además de las expresamente tasadas— necesarias para asegurar el normal funcionamiento de la Casa, así como el cumplimiento de las funciones asignadas a la misma [9].

2. La Secretaría General

a) *Concepto, competencias y estructura*

La Secretaría General es el órgano que coordina todos los servicios de la Casa. La Secretaría General tiene, por tanto, a su cargo la tramitación de los asuntos que corresponden a la actividad y funciones de la Casa, así como su resolución o propuesta y el despacho de los temas que requieran superior decisión.

El Secretario o la Secretaria General es el Segundo Jefe de la Casa. Sustituye, en esta condición, al Jefe de la Casa de S. M. el Rey en caso de ausencia o enfermedad. Se trata, como puede desprenderse de lo dicho, de un departamento fundamental desde la óptica administrativa. Sus funciones son las siguientes [10]:

a) Desempeñar la jefatura de personal de la Casa y resolver los asuntos al respecto, con excepción de los que afecten a la organización militar, dependiente del Jefe del Cuarto Militar, por delegación del Jefe de la Casa.

---

[9] Artículo 1 del Capítulo III (De la Jefatura de la Casa de Su Majestad el Rey) de las «Normas» internas de la Casa de 28 de noviembre de 1988, que desarrollan el RD 434/1988, de 6 de mayo.

[10] Artículo 4.2 del Real Decreto 434/1988, de 6 de mayo, sobre reestructuración de la Casa de S. M. el Rey.

b) Inspeccionar las dependencias de la Casa, dando cuenta al Jefe de la misma en caso necesario.

c) Disponer en todo lo concerniente al régimen interno de los servicios generales de la Casa y resolver los respectivos expedientes cuando no sea competencia privativa del Jefe de la Casa.

d) Proponer al Jefe de la Casa las resoluciones que estime convenientes en los asuntos de su competencia y cuya tramitación sea procedente.

e) Establecer el régimen interno de las oficinas de la Casa.

f) Elevar anualmente un informe al Jefe de la Casa sobre la marcha, coste y rendimiento de los servicios a su cargo y proponer las reformas que se encaminen a la mejora de los mismos.

g) Elaborar los proyectos de planes de actualización y los programas de necesidades de la Casa.

h) Establecer los niveles de seguridad, contraseñas y privilegios de acceso a los archivos de información [11].

La Secretaría General se estructura en las siguientes Unidades [12]:

---

[11] Esta competencia no está dispuesta por el RD 434/1988, de 6 de mayo, pero sí por las «Normas» internas de la Casa de 28 de noviembre de 1988, que lo desarrollan.

[12] Artículo 4.3 del Real Decreto 434/1988, de 6 de mayo, sobre reestructuración de la Casa de S. M. el Rey. Ver también la Resolución del Jefe de la Casa de 18 de abril de 1996, que, en desarrollo del RD 434/1988, reorganiza la Secretaría General y suprime la oficina del Jefe de la Casa de S. M. el Rey y la Agrupación de Actividades de la Secretaría General.

— Gabinete de Planificación y Coordinación, del que dependen la Secretaría de Despacho y Actividades y Programas.

— Secretaría de S. M. la Reina.

— Secretaría de Su Alteza Real el Príncipe de Asturias.

— Servicio de Seguridad, del que dependerá el Centro de Comunicaciones e Informática.

— Relaciones con los medios de comunicación.

— Protocolo.

— Intendencia.

— También se integra en la Secretaria General (no como Unidad) la regiduria de servicio doméstico, sección encargada de dirigir al personal que se encuentra al servicio directo de la Familia Real.

El Secretario General, al igual que el Jefe de la Casa, contará con una Secretaría Particular para apoyo en materias no oficiales derivadas de su cargo.

b) *Las Unidades de la Secretaría General*

a') Dos reestructuraciones

El Decreto 2942/1975, de 25 de noviembre, crea la Casa de S. M. el Rey, que viene a sustituir a la Casa Civil y Militar del Jefe del Estado y a la Casa del Príncipe. En el citado Decreto se prevé que la Casa esté integrada por las Jefaturas de Protocolo, Cuarto Militar, Secretaría de S. M. el Rey e Intendencia, al frente de las cuales estará el Jefe de la Casa, del que dependerán los Jefes de las distintas Unidades. La Casa se reestructura por el Real

Decreto 310/1979, de 13 de febrero. El Real Decreto 1677/1987, de 30 de diciembre, establece que el Secretario General sea el Segundo Jefe de la Casa (anteriormente lo era el Jefe del Cuarto Militar). En 1988, a través del Real Decreto 434/1988, de 6 de mayo, la Casa sufre su más profunda reestructuración. Desde entonces, la Secretaría General ha conocido dos reestructuraciones sustanciales, además de la operada el 30 de diciembre de 1987, que convierte al Secretario General en Segundo Jefe de la Casa.

La más profunda reestructuración es fruto de lo dispuesto en el artículo 4.3 del citado Real Decreto 434/1988. En él se establece que la Secretaría General quede estructurada en las siguientes Unidades:

— Secretaría de Despacho.

— Actividades y Programas.

— Relaciones con los medios de comunicación.

— Protocolo.

— Intendencia.

— Centro de Comunicaciones e Informática.

Se dispone también que queden integradas en la Secretaría General el Registro y Archivo General de la Casa y la Secretaría de S. M. la Reina.

La última reestructuración, hoy en vigor, data del 17 de abril de 1996. En virtud de lo dispuesto en el artículo 65.2 de la Constitución y en el artículo 14 del Real Decreto 434/1988 (*En lo sucesivo, cualquier modificación de la Casa de Su Majestad que no afecte a la Administración Pública, y a tenor de lo dispuesto en el artículo 65 de la*

Constitución, será resuelta libremente por S. M el Rey, ya de una manera directa, ya en nombre suyo por el Jefe de su Casa), el Jefe de la Casa reorganiza, en virtud de una disposición interna de 17 de abril de 1996, la Secretaría General, modificando de esta forma el contenido del RD 434/1988.

En virtud de la citada resolución de 1996 del Jefe de la Casa, la Secretaría General queda estructurada en las siguientes Unidades:

— Gabinete de Planificación y Coordinación (de él dependen la Secretaría de Despacho y Actividades y Programas).

— Secretaría de S. M. la Reina.

— Secretaría de Su Alteza Real el Príncipe de Asturias.

— Servicio de Seguridad (de él depende el Centro de Comunicaciones e Informática).

— Relaciones con los Medios de Comunicación.

— Protocolo.

— Intendencia.

Se presentan a continuación las funciones y la estructura de cada una de las Unidades [13].

b') Gabinete de Planificación y Coordinación

El Gabinete de Planificación y Coordinación es responsable de importantes labores administrativas en relación

[13] Ver Capítulo V «De las Unidades de la Secretaría General», de las «Normas» internas de la Casa de 28 de noviembre de 1988, que desarrollan el RD 434/1988, de 6 de mayo.

con las funciones constitucionales de S. M. el Rey. De él dependen la Secretaría de Despacho y Actividades y Programas.

a) La *Secretaría de Despacho* tiene las siguientes funciones:

1. Disponer y controlar el Registro de entrada y salida de la correspondencia de la Casa.

2. Distribuir los asuntos entre los distintos órganos en razón de sus cometidos y efectuar el seguimiento de los mismos hasta su resolución y/o archivo.

3. Ordenar la microfilmación de los documentos registrados y de los expedientes que originen.

4. Ordenar y mantener el Archivo de los distintos expedientes y demás documentos de la Casa.

5. Tramitar las peticiones o quejas individuales o colectivas dirigidas a los miembros de la Familia Real, así como el curso en su caso, a los órganos de la Administración del Estado competentes en la materia.

6. Tramitar las peticiones dirigidas a S. M. el Rey al amparo de los artículos 29 de la Constitución y 201 de las Reales Ordenanzas de las Fuerzas Armadas.

7. Tramitar las disposiciones oficiales que se reciban para la sanción o expedición de S. M. el Rey.

8. Tramitar los Títulos Nobiliarios ante el Ministerio de Justicia, así como las Reales Cartas de Sucesión.

9. Formular consultas sobre Títulos Nobiliarios y tramitar la concesión de Reales Licencias de Matrimonio.

10. Tramitar los Reales Títulos de Concesión del Toisón de Oro.

11. Tramitar las peticiones de Presidencias de Honor, solicitudes de trofeos, denominaciones y otras autorizaciones.

12. Tramitar la concesión del Título de «Real».

13. Tramitar las peticiones de fotografías oficiales de Sus Majestades los Reyes y miembros de la Familia Real.

14. Estudiar y tramitar los asuntos cuya competencia no está atribuida a otras Unidades o corresponde a varias.

La Secretaría de Despacho cuenta, para el cumplimiento de sus funciones, con los siguientes servicios:

— Secretaría Adjunta. La Secretaría Adjunta se ocupa de la tramitación de los asuntos numerados como 5, 6, 7, 8, 9 y 10. Se articula para ello a su vez en: Sección de Petición y Sección de Peticiones Oficiales. El Secretario Adjunto sustituye al Jefe de la Secretaría de Despacho.

— Servicio de Asuntos Generales. Se ocupa de la tramitación de los asuntos numerados como 11, 12, 13 y 14. Se articula en dos Secciones: Sección de Presidencias de Honor, denominaciones y otras autorizaciones y Sección de Asuntos Varios.

— Archivo y Registro. Su misión consiste en atender las funciones señaladas en los números 1, 2, 3 y 4. Se articula en dos Secciones: Sección de Registro General y Sección de Archivo y Microfilmación. La tarea que desempeña la Unidad de entrada y salida de documentos y el Archivo General es de gran importancia para la buena marcha de las actividades de la Casa. Sobre el Archivo General, como más adelante se explica, descansa sustancialmente la coordinación entre los distintos servicios, áreas o personas de la Casa. Con independencia de que éstos funcionen con la necesaria autonomía en ciertos aspectos e incluso conserven copia de determinados documentos que les afecten, deben enviar al Archivo General toda la documentación que reciban de Organismos, Entidades o personas ajenas a la Casa y que, por su naturaleza e importancia, o por afectar a varios órganos de la misma, exija su conocimiento y decisión por la Jefatura de la Casa. Asimismo, los Organos y Unidades de la Casa deben enviar al Archivo General de la Secretaría General para su trámite y curso la documentación que deban remitir a Organismos, Entidades o personas que, por el nivel de destinatario, por la importancia o naturaleza del asunto, o por precisar su coordinación con otros Organos de la Casa, deba ser cursada por la Jefatura de la Casa. La Secretaría General, a la vista de la documentación recibida, procederá a la distribución de los asuntos entre los Organos o Unidades de la Casa que deban entender de su tramitación, estableciendo las normas de coordinación y seguimiento pertinentes, hasta la resolución del asunto. Se trata de medios imprescindibles de organización interior, que reflejan ante el exterior diligencia y eficacia. El Archivo General es, en resumen, el órgano básico centralizador de toda la documentación de la Casa.

b) Las funciones de *Actividades y Programas* son las siguientes:

1. Realizar los trámites de planificación, preparación y organización de actos o visitas oficiales de la Familia Real en el lugar de residencia.

2. Realizar las mismas gestiones en relación con los viajes oficiales en el territorio nacional y en el extranjero.

3. Realizar los mismos trámites en viajes privados, en

los casos y con la amplitud que expresamente le sean encomendados.

4. Ocuparse de los trámites de actividades privadas de los miembros de la Familia Real, en los casos y con la amplitud que expresamente le sean encargados.

5. Gestionar los medios de transporte de todo tipo que deban ser empleados por los miembros de la Familia Real en las actividades que realicen, solicitándolos de los Organismos competentes cuando sea preciso.

6. Ordenar y controlar operativamente la utilización de los medios de transporte afectos a la Casa, así como el estado de los mismos, con los auxilios técnicos que sean necesarios.

7. Ocuparse de la gestión de alojamientos en viajes concernientes a los miembros de la Familia Real y su Séquito.

8. Establecer la oportuna coordinación con la Unidad de Intendencia para los efectos económicos que se deriven de las misiones anteriores.

9. Recibir, clasificar y presentar para aprobación, los expedientes de solicitud de audiencias civiles, efectuando el seguimiento hasta su celebración o archivo.

10. Coordinar con el Cuarto Militar la celebración de Audiencias Militares.

11. Coordinar con el Ministerio de Asuntos Exteriores, con la Unidad de Protocolo y Guardia Real, las ceremonias de presentación de Cartas Credenciales.

12. Confeccionar y divulgar a sus puntos de destino los programas diarios de la Familia Real.

13. Confeccionar y divulgar a sus puntos de destino los programas de actos, actividades o viajes, en coordinación con otras Unidades de la Casa.

Para el cumplimiento de estas misiones, «Actividades y Programas» se articula en dos Servicios: Servicio de Actividades y Servicio de Programas. Del Servicio de Actividades dependen las funciones 1, 2, 3, 4, 5, 6, 7 y 8. El Servicio se articula en dos Secciones: Sección de Actos y Visitas y Sección de Viajes. El titular de este servicio sustituye al jefe de «Actividades y Programas». Del Servicio de Programas dependen las funciones descritas en los números 9, 10, 11,12 y 13.

Las misiones de «Actividades y Programas» están íntimamente conectadas con la función simbólica de S. M. el Rey, que asume la más alta representación del Estado.

c') Secretaría de S. M. la Reina

La Secretaría de S. M. la Reina está integrada como una Unidad más en la Secretaría General de la Casa de S. M. el Rey desde la reestructuración operada en 1996. Así, el Secretario General, lo es también de S. M. la Reina. La Secretaría de S. M. la Reina presta a S. M. la Reina un apoyo administrativo similar al que recibe S. M. el Rey del departamento de Protocolo. Está dividida en dos secciones: la Secretaría de SS. AA. RR. las infantas y la Asesoría de S. M. la Reina. Las misiones de esta Unidad son:

1. Ocuparse de los trámites de planificación y preparación de las Audiencias que conceda S. M. la Reina, en coordinación con «Actividades y Programas».

2. Realizar los mismos trámites en relación con los viajes privados, en los casos y con la amplitud que expresamente le sean encomendados.

3. Proporcionar a S. M. la Reina, el apoyo propio de Secretaría en las relaciones con las Instituciones, Organismos y Entidades de carácter social y benéfico, planificando y preparando las actividades de este tipo.

4. Proporcionar similar apoyo en la planificación y preparación de actividades de carácter artístico y cultural.

5. Ocuparse de las mismas cuestiones al servicio de Sus Altezas Reales las Infantas.

Para el cumplimiento de estas misiones, la Asesoría de S. M. la Reina se articula en tres áreas, coordinadas directamente por el Secretario General: Area de Audiencias, Viajes y Correspondencia; Area de Actividades Sociales y Benéficas y Area de Actividades Artísticas y Culturales. S. M. la Reina designa los titulares de estas áreas y despacha directamente con ellos, según su decisión y en atención a las circunstancias que concurran o la naturaleza de los asuntos a tratar. A efectos administrativos externos, las personas al frente de cada una de las áreas tendrán la categoría de Asesores. Desde el punto de vista interno, a efectos de sus relaciones con el resto de quienes prestan servicio en la Casa, se considerarán como personal de Dirección, dentro del ámbito de sus competencias. Las tres áreas cuentan con el personal auxiliar necesario para el desempeño de su misión.

d') Secretaría de Su Alteza Real el Príncipe de Asturias

El Príncipe de Asturias, como heredero del Trono y de la Jefatura del Estado, tiene una principalísima posición institucional. La más cercana, desde una perspectiva jurídica, al Jefe del Estado. TORRES DEL MORAL ha llegado a hablar del Príncipe de Asturias como el *alter ego* del Rey [14].

Cuando se crea la actual Casa de su Majestad el Rey, en noviembre de 1975, no se había nombrado un Príncipe de Asturias y el que después lo sería sólo contaba con siete años de edad. Hoy la actividad pública del Príncipe de Asturias es de gran intensidad. Ha ido en constante aumento, desde los años de formación, hasta el ejercicio real y efectivo de funciones representativas y simbólicas que, si bien en sentido estricto sólo a S. M. el Rey deben corresponder, en la práctica constitucional se extiende, en cierta medida, a los miembros de su Familia, y muy especialmente al Príncipe de Asturias. Fruto de esa evolución y del ingente trabajo que el Príncipe de Asturias realiza en servicio del Estado es la creación, para su apoyo y asistencia, en 1996, de la Secretaría de Su Alteza Real el Príncipe de Asturias. La doctrina ha discutido sobre la conveniencia o posibilidad de la existencia de una Casa del Príncipe de Asturias [15], incluso dentro de la Casa de S. M. el Rey, que diera al heredero de la Corona mayor autonomía e independencia de acción. No son esos fines constitucionales y aunque no exista obstáculo jurídico para ello no parece que semejante creación revista de algún interés. La Secretaría a su servicio, incardinada en la

---

[14] Ver Antonio TORRES DEL MORAL, *El Príncipe de Asturias. Su estatuto jurídico,* Madrid, 1997, p. 200. Cfr. también Sabino FERNÁNDEZ CAMPO, *Prólogo,* en «El Príncipe de Asturias. Su estatuto jurídico» (A. TORRES DEL MORAL), Madrid, 1997, p. 20, en relación con una anécdota entre S. M. el Rey Juan Carlos I y el Jefe de Estado de Cuba, Fidel Castro.

[15] Ver Jorge DE ESTEBAN hace referencia a la posibilidad de una Dotación propia y diferenciada, DE ESTEBAN, J., y GONZÁLEZ TREVIJANO, P. J., *Curso de Derecho Constitucional español,* vol. III, Madrid, 1994, p. 63. Ver al respecto A. TORRES DEL MORAL, *El Príncipe de Asturias. Su estatuto jurídico, obra citada,* pp. 227 ss.

Secretaría General y por lo tanto dependiente del Secretario General y del Jefe de la Casa en primero y segundo término, viene a dar solución a la necesidad (obligación del Estado) de apoyo y asistencia al Príncipe de Asturias en sus funciones constitucionales.

La Secretaría de Su Alteza Real el Príncipe de Asturias tiene unas funciones análogas a las de la Secretaría de Su Majestad la Reina, al servicio del Príncipe de Asturias.

e') Servicio de Seguridad

El Servicio de Seguridad es responsable permanente de la Seguridad de la Familia Real y de las Autoridades de la Casa que el Jefe de la misma determine [16]. La Constitución Española de 1978 establece en su parte orgánica una articulación jurídica del poder estatal en la que la figura del Rey tiene un papel destacado. Aun careciendo de poderes propios, tiene asignadas altas funciones sin las cuales no puede darse el correcto funcionamiento de las instituciones y órganos constitucionales. La figura del Jefe del Estado exige una máxima protección de su persona y familia.

El Servicio de Seguridad tiene las siguientes funciones:

1. Ser el responsable permanente de la seguridad inmediata de:

— Sus Majestades los Reyes.

— Su Alteza Real el Príncipe de Asturias.

— Sus Altezas Reales las Infantas de España y sus maridos.

---

[16] Ver artículo 7.1 del Real Decreto 434/1988, de 6 de mayo, sobre reestructuración de la Casa de S. M. el Rey.

— Su Alteza Real la Condesa de Barcelona.

— Las Autoridades de la Casa que el Jefe de la misma determine.

2. Establecer y mantener el enlace con los siguientes Organos del Estado:

— Secretaría de Estado para la Seguridad y órganos dependientes de ella.

— Delegaciones del Gobierno en las Comunidades Autónomas o Gobiernos Civiles en sus respectivas demarcaciones.

— Las Fuerzas y Cuerpos de Seguridad del Estado, en cuanto servicios operativos en todo el territorio nacional.

— Los Organos y Unidades del Ministerio de Defensa, en los casos de su competencia.

3. Ser responsable de la seguridad de la Familia Real, mientras permanezca en su Residencia Oficial, proponiendo al Jefe de la Casa las instrucciones o normas que habrán de observarse y los apoyos necesarios que en su caso deba recibir la Guardia Real.

Además, y en aras de una mejor ejecución de la función encomendada al Servicio, el Jefe del mismo podrá establecer —por delegación del Jefe de la Casa y en casos justificados por la urgencia— las relaciones necesarias con cuantos Organismos sea preciso, pudiendo también solicitar su apoyo y colaboración. En este sentido, el Ministerio del Interior, y el de Defensa en lo referente a la Guardia Civil, cuando proceda, prestará cualquier apoyo que precise el Servicio de Seguridad para el cumplimiento de su misión [17].

El Servicio de Seguridad se articula en:

a) Jefatura del Servicio de Seguridad.

Es el Organo de apoyo y asesoramiento del Jefe de Seguridad para el ejercicio del mando y el cumplimiento de las misiones asignadas.

La Jefatura del Servicio se compone de:

— Adjuntos al Jefe de Seguridad. Además de servir de apoyo y asesoramiento al Jefe del Servicio, su labor también consiste en desempeñar la dirección del mismo en los servicios que así se ordene expresamente.

El cargo de Adjunto se proveerá, en función de las misiones y composicion del servicio de Seguridad, por:

— Un Jefe de las Fuerzas Armadas.

— Un Jefe de la Guardia Civil.

— Un Comisario del Cuerpo Nacional de Policía.

En cuanto a la precedencia entre los Adjuntos, se sigue el criterio de antigüedad en el Servicio de Seguridad de la Casa. En atención a circunstancias especiales, el Jefe del Servicio de Seguridad podrá alterarlo excepcionalmente.

— Secretaría Técnica. Su misión es asistir al Jefe de Seguridad en sus tareas de planificación, coordinación y

---

[17] Artículo 7.3 del RD 434/1988, de 6 de mayo, sobre reestructuración de la Casa de S. M. el Rey. Artículos 2 y 3 del Capítulo Vll (Del Servicio de Seguridad) de las «Normas» internas de la Casa, de 28 de noviembre de 1988, que desarrolla el citado Real Decreto 434/1988.

supervisión, así como en las materias de personal, información, servicios y material. Deberá confeccionar las órdenes e instrucciones que reciba del Jefe de Seguridad, para su adecuada difusión.

— Gabinete. Es un órgano de estudio y asesoramiento al servicio del Jefe de Seguridad. Corresponde al Gabinete:

— Investigar los medios y modalidades de acción.

— Elaborar los estudios y proyectos que se demanden de él.

— Confeccionar los resúmenes estadístícos e historia de las actividades del Servicio.

— Preparar el programa de enseñanza e instrucción del personal, dirigiendo los cursos que se realicen.

— Planificar y llevar a cabo los cursos de selección del personal.

— Secretaría de Despacho. Asume el trabajo material de Secretaría. Auxilia al Jefe de Seguridad en la distribución del trabajo interno del Servicio. Debe hacerlo con sentido unitario y valorando sus prioridades.

b) Fuerzas y Cuerpos de Seguridad del Estado.

Le corresponde el mando de los distintos grupos a los Adjuntos al Jefe de Seguridad.

Así, el Jefe Adjunto de la Guardia Civil ostenta el mando orgánico y administrativo de los siguientes grupos:

— Grupo de Escoltas Inmediatas.

— Grupo de Apoyo Inmediato.

— Grupo de Apoyo Logístico Guardia Civil.

Al Comisario Jefe Adjunto del Cuerpo Nacional de Policía corresponde el mando orgánico y administrativo de los siguientes grupos:

— Grupo de Escoltas Especiales.

— Grupo de Información e Investigación.

— Grupo de Apoyo Logístico Cuerpo Nacional de Policía.

Corresponde, por último, al Jefe Adjunto de las Fuerzas Armadas la dirección del Gabinete del Servicio de Seguridad.

Además, del Servicio de Seguridad depende la antigua Unidad «Centro de Comunicaciones e Informática». El Centro de Comunicaciones e Informática tiene las siguientes misiones:

1. Atender las necesidades de comunicación telefónica, telegráfica, radio y postal de S. M. el Rey y de su Familia, tanto en su Residencia Oficial permanente como en las eventuales que pueda ocupar.

2. Establecer y explotar el sistema informático.

3. Atender las mismas necesidades de las Autoridades y Organos de la Casa, siguiendo las instrucciones que reciba al efecto de la Secretaría General.

4. Establecer y explotar los medios y sistemas de comunicación e informática, en apoyo de autoridades extranjeras en visita oficial a España, cuando expresamente se le ordene.

5. Establecer y mantener los sistemas de comunicación y electrónica precisos para el Servicio de Seguridad de la Casa.

6. Mantener todos los elementos de comunicación afectos a la Casa de S. M. el Rey.

7. Cumplimentar las instrucciones del Secretario General, en relación con los niveles de seguridad, contraseñas y privilegios de acceso a los archivos de información.

Para el cumplimiento de estas misiones, el Centro de Comunicaciones e Informática se articula en dos Servicios y una Sección:

— El Servicio de Tráfico y Personal. El Jefe de este servicio es el Segundo Jefe del Centro de Comunicaciones e Informática. Esta sección, integrada a su vez por la sección de Secretaría y la Red Militar, cubre las funciones correspondientes a los números 1, 2, 3, 4 y 5, antes señalados.

— El Servicio de Mantenimiento. Cuenta con una Sección de Talleres, a la que corresponde, con carácter general, el mantenimiento del material de la Unidad y de forma específica, las funciones descritas en los números 4, 5 y 6, antes citados.

— La Sección de Informática. Depende directamente del Jefe de la Unidad. Sus funciones son atender lo dispuesto en los números 2 y 7 arriba reseñados.

f) Relaciones con los Medios de Comunicación

La Unidad de Relaciones con los Medios de Comunicación desempeña un importante papel en la misión de la Casa de asistencia a S. M. el Rey. El Titular de la Corona, en virtud de su condición de Jefe de Estado y representante de la Nación debe tener una imagen sólida y respetable, dentro y fuera de España. Ello depende, en buena medida, del tratamiento que reciba de los medios de comunicación nacionales e internacionales. La Unidad de Relaciones con los Medios de Comunicación se ocupa de estas cuestiones, teniendo las siguientes funciones concretas:

1. La actuación y seguimiento de la imagen de S. M. el Rey, la Corona y la Familia Real en los medios de comunicación.

2. Recibir, valorar, clasificar y cursar a S. M. el Rey y miembros de la Familia Real, toda la información contenida diariamente en los medios de comunicación que pueda ser de su interés.

3. Evaluar las tendencias del tratamiento de los grandes temas nacionales e internacionales y, muy particularmente, el reflejo que en ellos tenga la figura de S. M. el Rey y de la Familia Real.

4. Establecer y mantener relaciones con los medios de comunicación nacionales y extranjeros, en orden a:

— Resolver sus consultas y peticiones.

— Preparar las entrevistas y los reportajes que procedan.

— Gestionar con la correspondiente Unidad de la Casa, la concesión de Audiencias a personas o entidades de los medios de comunicación.

— Canalizar las necesidades de relación de dichos medios con otros Organos y Unidades de la Casa.

5. Tramitar y efectuar el seguimiento, hasta su resolución o archivo, de las peticiones de documentación o información relativas a la Familia Real que vaya a ser utilizada en medios de comunicación.

6. Establecer y mantener relación con personas o colectivos de intelectuales que incidan o puedan llegar a incidir en la opinión pública.

7. Elaborar, clasificar y custodiar el archivo documental, gráfico y audiovisual, tanto a efectos internos de seguimiento y evaluación, como a los exteriores de difusión, en relación con el Archivo General de la Casa.

8. Proporcionar, cuando sea necesario, cobertura informativa de las actividades de S. M. el Rey y de la Familia Real.

9. Participar, con las restantes Unidades de la Casa, en la preparación de viajes, apariciones públicas, etc., para cuidar de los aspectos relacionados con la comunicación.

10. Asistir en la preparación de los mensajes a la Nación, discursos, prólogos de obras o actuaciones directas de S. M. el Rey o Familia Real.

11. Acreditar, de forma permanente o eventual, previo informe del Servicio de Seguridad de la Casa, a los distintos profesionales de los medios de comunicación.

12. Convocar, controlar y asistir a los profesionales de los medios de comunicación en los viajes o actos sujetos a cobertura gráfica y literaria.

Para el cumplimiento de estas funciones, la Unidad se estructura en:

— Servicio de Información de la Unidad. El Jefe de este Servicio es el Segundo Jefe de la Unidad. Cuenta con dos Secciones (Sección de Secretaría y Sección de Biblioteca, Documentación y Fotografía). Bajo la dirección del Jefe de la Unidad, están a su cargo las funciones señaladas en los números 1, 2, 3, 4, 5, 6 y 7.

— Servicio de Cobertura de Actos. Tiene a su cargo las funciones señaladas en los números 8, 9, 10, 11 y 12.

En los sistemas demoliberales impera el régimen de opinión pública. Ello implica que, dentro de unos límites, más allá del formalismo propio de los procesos electorales, en los que se encuentra legitimidad democrática directa, el apoyo de los ciudadanos se hace necesario para la continuidad y efectividad de las instituciones. A ello no es ajeno la Corona. Por todo lo dicho, esta Unidad hace frente a una de las más delicadas y trascendentes tareas de todas cuantas asume la Casa de S. M. el Rey.

g') Protocolo

La Unidad de Protocolo tiene como misión, al igual que todas las Unidades directa o indirectamente y la Casa en su conjunto, cooperar a un mejor cumplimiento de las funciones arbitral, moderadora y simbólica de S. M. el Rey. Le ayuda y asesora en relación con todos aquellos actos en los que S. M. el Rey, en su condición de Jefe de Estado, recibe a personalidades y representantes de órganos relacionados con cualquiera de los poderes constitucionales, representantes políticos de otros países, se relaciona con diversas instituciones sociales, culturales, profesionales, etc. También le asiste en relación con los actos a los que debe asistir en el extranjero en su condición de Jefe del Estado español. Concretamente, la Unidad tiene las siguientes funciones:

1. Preparar y dirigir el protocolo de los actos organizados por la Casa de S. M. el Rey, en el territorio nacional, en coordinación con el Cuarto Militar en las audiencias militares, los actos y maniobras militares, las visitas a establecimientos y dependencias militares o los aspectos militares de actos civiles.

2. Coordinar con la Jefatura de Protocolo del Estado aquellos actos institucionales cuyo protocolo corra a cargo de dicha Jefatura.

3. Coordinar con Protocolo del Ministerio de Asuntos Exteriores la preparación y dirección del protocolo en las presentaciones de Cartas Credenciales.

4. Preparar y dirigir las cuestiones referentes a protocolo en los viajes oficiales de S. M. el Rey o miembros de su Familia al extranjero, en coordinación con el Ministerio de Asuntos Exteriores y los servicios correspondientes del país visitado.

5. Preparar y dirigir el protocolo de las actividades de S. M. el Rey o Familia Real, en coordinación con los servicios de protocolo de los Organismos o Entidades que las organicen.

6. Atender la redacción y traducción de documentos en idiomas extranjeros.

7. Tramitar los mensajes, felicitaciones, pésame y comunicados similares que cursen S. M. el Rey y miembros de la Familia Real, con excepción de los que afecten al ámbito militar.

8. Tramitar las condecoraciones que decida conceder S. M. el Rey en los casos en que se le encomiende.

9. Hacerse cargo de los obsequios de toda índole que reciba la Familia Real, en el transcurso de sus actividades públicas y darles el destino que, según el caso, proceda.

10. Preparar, disponer el transporte y presentar según las instrucciones que reciba, los obsequios que los miembros de la Familia Real deseen ofrecer.

11. Intervenir en la preparación de los viajes de Sus Majestades los Reyes o miembros de la Familia Real.

Para cumplir esas funciones, la Unidad de Protocolo cuenta con un Servicio y una Sección:

— Servicio de Audiencias y Actos. El Jefe del Servicio de Audiencias y Actos es el Segundo Jefe de la Unidad. Cuenta con dos Secciones (Sección de Actos Generales y Sección de Actos Específicos) que, bajo la dirección del Jefe del Servicio, se hacen cargo de las funciones descritas en los números 1, 2, 3, 4, 5 y 11.

— La Sección de Secretaría. Además de asumir el trabajo material de Secretaría, es responsable de la realización de las funciones descritas en los números 6, 7, 8, 9 y 10.

Como puede observarse, las funciones de la Unidad de Protocolo de la Casa de S. M. el Rey con frecuencia han de ser coordinadas con las que otros servicios de protocolo de Instituciones u Organismos nacionales o extranjeros desempeñan. En la práctica, ello origina en ocasiones dudas sobre la competencia de unos y otros servicios de protocolo. Para clarificar la articulación y las responsabilidades de protocolo de la Casa en relación con la de terceros en general, el Jefe de la Casa dictó, el 30 de noviembre de 1991, las «Normas sobre la competencia de

Protocolo de esta Casa en la organización de los actos a los que asistan Sus Majestades los Reyes y miembros de la Familia Real». En ellas se establece lo siguiente:

a) En relación con los *actos civiles,* hay que distinguir entre los que se celebran en Madrid y los que tienen lugar fuera de la capital de España.

1. Actos en Madrid

— La organización de protocolo de los actos solemnes de los Poderes del Estado, como la Apertura de la Legislatura, la Apertura del Año Judicial, la celebración del Día Nacional, etc., será responsabilidad de Protocolo del Estado, excepto cuando tengan lugar en Palacios Reales, en cuyo caso se encargará la Unidad de Protocolo de la Casa (con la excepción de actos de carácter extraordinario).

— El protocolo de los actos a los que asistan miembros de la Familia Real y que sean organizados por entidades públicas o privadas, como congresos, conciertos, inauguraciones, clausuras, etc., será responsabilidad de Protocolo de la Casa, que deberá mantener contacto directo con los organizadores para cumplir su función.

— En el caso del protocolo de los actos a los que asistan miembros de la Familia Real y que formen parte del programa de las Visitas de Estado o de Viajes Oficiales de Jefes de Estado o de miembros de Familias reinantes, hay que distinguir tres supuestos. Si son actos en Palacios Reales, corresponde a Protocolo de la Casa preparar y dirigir su protocolo, a excepción de aquéllos celebrados en honor de Sus Majestades los Reyes por los Jefes de Estado extranjeros en sus visitas oficiales a España. Si se trata de recepciones o despedidas oficiales de Jefes de Estado, aun celebrándose en el Palacio del Pardo, es responsabilidad del Servicio de Protocolo del Estado de acuerdo con el Ministerio de Asuntos Exteriores.

— En el caso, antes mencionado, de actos que, aun celebrándose en Palacios Reales, por su carácter extraordinario, a juicio de S. M. el Rey, hagan aconsejable la colaboración de distintos protocolos, deberá señalarse detalladamente las funciones de cada uno con la debida independencia, sin perjuicio de la coordinación necesaria.

2. Actos fuera de Madrid

— El protocolo de los actos solemnes en Comunidades Autónomas, como viajes oficiales, o actos de carácter institucional, será competencia de Protocolo del Estado, excepto cuando tengan lugar en Palacios Reales, en cuyo caso se encargará la Unidad de Protocolo de la Casa (con la excepción de actos de carácter extraordinario). Si se trata de actos no institucionales, aunque estén dentro del marco de un viaje oficial, el protocolo será responsabilidad de Protocolo de la Casa, que entrará en contacto directamente con los organizadores.

— En los actos a los que asistan miembros de la Familia Real y que sean organizados por Entidades públicas o privadas se procede del mismo modo que en el supuesto similar de los actos realizados en Madrid.

— En los actos a los que asistan miembros de la Familia Real y que formen parte de Visitas de Estado o de Viajes Oficiales de Jefes de Estado o miembros de Familias reinantes, intervendrá en su organización la Unidad de Protocolo de la Casa, procurando mantener la necesaria coordinación con el Servicio de Protocolo responsable de la organización del conjunto de la visita.

— En el caso, también señalado para actos en Madrid, de actos que, aun celebrándose en Palacios Reales, por su carácter extraordinario, a juicio de S. M. el Rey, hagan aconsejable la colaboración de distintos protocolos, deberán señalarse detalladamente las funciones de cada uno con la debida independencia, sin perjuicio de la coordinación necesaria.

b) En cuanto a las *Visitas de Estado y Viajes Oficiales de miembros de la Familia Real al extranjero,* la Unidad de Protocolo de la Casa es responsable de la coordinación y relación con las autoridades del país receptor a efectos de la concreción del programa ya aprobado y de la ejecución del mismo. Cuando en la visita concurran funcionarios de otros servicios de protocolo y se presenten dudas o discrepancias sobre temas de protocolo, el representante de Protocolo de la Casa debe elevarlas a la Jefatura de la Casa para que la cuestión sea sometida a la decisión de S. M. el Rey.

c) El protocolo de los *actos militares* a los que asista algún miembro de la Familia Real es responsabilidad del personal del Cuarto Militar de la Casa.

Además, debe tenerse en cuenta que cuando corresponda o se encomiende la organización de un acto a Protocolo del Estado, la Casa podrá enviar a los funcionarios de la Unidad de Protocolo que considere oportuno para la preparación y el desarrollo del referido acto.

Cuando existan dudas sobre el carácter de un acto, la Jefatura de la Casa se reserva la responsabilidad de decidir a qué servicio de protocolo corresponde la organización del mismo.

h') Intendencia

A la Unidad de Intendencia compete la planificación económica necesaria para el desarrollo de la actividad de S. M. el Rey. La Unidad de Intendencia fue históricamente un Servicio independiente, de gran relevancia, ya que tutelaba el Patrimonio Real, fuera de la administración de la Casa [18].

Corresponden a la Unidad de Intendencia las siguientes funciones:

1. Coordinar el proceso de planificación económica y presupuestaria de la Casa.

2. Diseñar los planes y procesos de gestión del presupuesto.

3. Seguir y controlar la gestión del presupuesto.

4. Cumplimentar los asuntos relativos a la Ordenación de Pagos, en sus vertientes de Contabilidad y Pagaduría.

5. Llevar la depositaría de efectos e inventarios.

6. Coordinar con el Patrimonio Nacional o en su caso, con los Organismos, Instituciones o Entidades que correspondan, los apoyos económicos y logísticos de los Actos Sociales organizados por la Casa.

---

[18] Cfr. Carmen FERNÁNDEZ-MIRANDA CAMPOAMOR, *La dotación de..., obra citada,* p. 143; María Victoria GARCÍA-ATANCE Y GARCÍA DE MORA, *El Patrimonio Nacional,* en «Revista de Derecho Político», núm. 33, 1991, pp. 169-171.

7. Atender las cuestiones económicas y operativas, derivadas del gobierno interior de la Casa, en sus vertientes de personal, material y efectos.

8. Llevar a cabo las funciones de mantenimiento general de las instalaciones de la residencia permanente de la Familia Real, así como del material y efectos de la misma, cuando no correspondan al Patrimonio Nacional.

9. Mantener las relaciones precisas con el Patrimonio Nacional en los asuntos concernientes al párrafo anterior que deban ser atendidos por aquél.

10. Mantener las relaciones oportunas con la Regiduría del Servicio Doméstico, encargada del régimen interior de la Residencia de la Familia Real.

Para el cumplimiento de sus misiones, la Unidad se estructura en dos Servicios:

— Servicio de Asuntos Económicos. El Jefe del Servicio es el Segundo Jefe de la Unidad. Está estructurado el Servicio en tres Secciones (Sección de Contabilidad, Sección de Depositaría e Inventarios y Sección de Intendencia en Actos Sociales) y un Negociado (Negociado de Caja). Corresponde al Servicio atender las funciones señaladas en los números 1, 2, 3, 4, 5, 6 y 7.

— Servicio de Gobierno Interior. Le corresponden las funciones señaladas en los números 8, 9 y 10. Para cumplirlas, está estructurada en dos Secciones. La primera es la Sección de Gobierno interior, encargada de mantener la relación con la Regiduría del Servicio Doméstico. Dispone esta Sección de un negociado de Conserjería, que se ocupa de lo relacionado con las actividades del personal de Conserjería y Jardinería. En segundo lugar está la

Sección de Mantenimiento, que tiene a su cargo el mantenimiento de las instalaciones y material de apoyo y seguimiento de las obras que se realicen.

i') Regiduría del Servicio Doméstico

La Regiduría del Servicio Doméstico no es una Unidad de la Secretaría General, ni se integra en ninguna de las existentes. Se trata de un servicio que depende directamente del Secretario General.

El titular de la Regiduría de Servicio Doméstico es el encargado de la dirección (supervisión y coordinación) del personal doméstico al servicio directo de las residencias de Sus Majestades los Reyes. Les traslada las instrucciones que deben cumplir para la mejor atención de las personas reales, así como la organización que corresponda para la atención de los invitados de Sus Majestades.

La Regiduría también es responsable del régimen interior de las residencias de Sus Majestades los Reyes y Familia Real.

El titular de la Regiduría se relaciona directamente con Su Majestad la Reina, a fin de recibir sus órdenes, orientaciones o encargos, debido a la naturaleza de su cometido en la residencia o residencias de la Familia Real. Para atender los encargos que reciba de S. M. la Reina solicita los oportunos apoyos del Secretario General, a efectos de que éste pueda disponer que se le proporcionen por las distintas Unidades de la Casa a quienes en cada supuesto corresponda. En relación con asuntos económicos debe recabar el apoyo, con la conformidad del Secretario General, de la Intendencia de la Casa.

Por su estrecha cercanía a S. M. el Rey y al resto de las personas reales la tarea de los integrantes del Servicio

Doméstico es especialmente relevante y necesitada de confianza y discreción [19].

3. El Cuarto Militar

El Cuarto Militar constituye la representación de honor de los Ejércitos al servicio inmediato de S. M. el Rey, dentro de su Casa.

El Cuarto Militar estará formado por:

— Jefatura.

— Ayudantes de Campo de Su Majestad el Rey.

— Ayudantes de Campo de Su Alteza Real el Príncipe de Asturias.

— Un Gabinete.

El Cuarto Militar es una institución señera de la Casa del Rey. Se instituyó como tal por primera vez en 1872, durante el reinado de Amadeo de Saboya, desapareciendo posteriormente hasta 1885, en que como tal se crea el Cuarto Militar en cumplimiento de la Ley constitutiva del Ejército de 29 de noviembre de 1878. En 1907 pasó a denominarse Casa Militar [20]. Tras la llegada de S. M. el Rey Juan Carlos I al trono de España, el Cuarto Militar queda

---

[19] S. M. la Reina doña Sofía relata como, siendo aún D. Juan Carlos Príncipe de España y habiendo sido designado sucesor del anterior Jefe del Estado, General Franco, a título de Rey, con no poca frecuencia podían comprobar como el personal a su servicio realizaba tareas de vigilancia para los servicios de información. «Muchas veces sorprendimos al personal de servicio escuchando detrás de las puertas. Ah, y cuando quisimos aclararlo, nos enteramos de que lo hacían porque se lo habían mandado de arriba, y tenían que cumplir su deber.» Ver Pilar Urbano, *La Reina,* Barcelona, 1996, p. 245.

[20] Ver Luis Fernando Vigier Glaría, *La Casa de..., obra citada,* pp. 13-14.

constituido en virtud de la Orden de 31 de diciembre de 1975, que a su vez fue parcialmente modificada por la Orden de 28 de enero de 1976.

Igualmente, como más adelante se verá, la práctica totalidad de los Jefes de Estado, también los republicanos, disponen de un Cuarto Militar, un Gabinete Militar o un Ayudante Militar.

Históricamente el del Jefe del Cuarto Militar era el único nombramiento que era refrendado —por el ministro del Ejército— [21]. Ello era debido a que entonces el Rey ejercía directamente el mando de las Fuerzas Armadas que hoy la Constitución sólo le reconoce con carácter simbólico. Hasta la aprobación del Real Decreto 1677/1987, de 30 de diciembre, la Jefatura del Cuarto Militar tenía una indiscutible trascendencia política, ya que su titular era el Segundo Jefe de la Casa de S. M. el Rey, sustituyendo al Jefe en casos de ausencia o enfermedad. A raíz de la aprobación del mencionado Real Decreto, como ya se ha mencionado, es el Secretario General el que pasa a ostentar la condición de Segundo Jefe de la Casa. Como señala FERNÁNDEZ-MIRANDA, en una Monarquía Parlamentaria el Ejército no tiene por qué tener preeminencia alguna. Además, la Jefatura suprema de las Fuerzas Armadas que el artículo *62.h)* de la Constitución otorga al Rey, es meramente simbólica y no confiere al Monarca ningún poder propio sobre el Ejército [22]. En todo caso, como se verá más adelante el Jefe del Cuarto Militar, como el propio Cuarto Militar, tienen un importante protagonismo

---

[21] Cfr. Angel MENÉNDEZ REXACH, *La Jefatura del..., obra citada,* p. 492.

[22] Ver Carmen FERNÁNDEZ-MIRANDA CAMPOAMOR, *La dotación de..., obra citada,* p. 143.

en el desempeño de las funciones de la Casa tanto *ad intra* como *ad extra*[23]. En su figura se hace efectiva la directa relación de la Corona con las Fuerzas Armadas.

Los miembros militares de la Casa de S. M. el Rey serán nombrados y relevados conforme a lo previsto en el artículo 65.2 de la Constitución. Así lo reconoce también, lógicamente, el artículo 74.4, de la Ley 17/1989, de 19 de julio, Reguladora del Régimen del Personal Militar Profesional. En la Disposición Final cuarta, del mismo texto legal, relativa al personal militar de la Casa de S. M. el Rey, se establece que los militares de carrera y de empleo podrán desempeñar puestos de trabajo, cualquiera que sea su naturaleza, en Casa de S. M. el Rey, permaneciendo en situación de servicio activo a todos los efectos. Consecuentemente con ello, el artículo 21.*c)* del Real Decreto 1385/1990, de 8 de noviembre, por el que se aprueba el Reglamento general de adquisición y pérdida de la condición de militar y de situaciones administrativas del personal militar profesional, dispone que el militar de carrera estará en situación de servicio activo cuando desempeñe un puesto de trabajo, cualquiera que sea su naturaleza, en la Casa de S. M. el Rey.

El personal militar, en activo, destinado en la Casa de S. M. el Rey, cumplirá, a todos los efectos, las mismas condiciones que los destinados en el Cuartel General de su respectivo Ejército, con independencia de las que corresponden a los destinados en unidades armadas de la Casa[24].

---

[23] Ver Orden 9/1996, de 17 de enero, del Ministerio de Defensa, por la que se delegan —entre otros al Jefe del Cuarto Militar— facultades en materia de convenios y contratos administrativos.

[24] Artículo 10.2 Real Decreto 434/1998, de 6 de mayo, sobre reestructuración de la Casa de S. M. el Rey y artículo 4 del Capítulo VI (Del

En el Real Decreto 434/1988, de 6 de mayo, se establece que el Jefe del Cuarto Militar deberá ser *un Oficial General en situación de actividad*[25]. Hasta ese momento tan sólo podían serlo un Teniente General o Almirante de la Armada. A pesar de la nueva regulación, parece lógico que el Jefe del Cuarto Militar sea un oficial de la más alta graduación, hecho que sin duda redunda en beneficio de su función de facilitar las relaciones del Monarca con las altas autoridades militares, a las que representa ante el Rey. En la práctica, el último nombramiento efectuado por el Rey recayó en la persona de un Vicealmirante de la Armada que días después ascendió a Almirante[26].

Son misiones de la Jefatura del Cuarto Militar[27]:

— Ejercer la dirección e inspección de la Guardia Real.

— Mantener las relaciones de carácter militar con las Autoridades del Ministerio de Defensa, los Jefes de Estado Mayor de los Ejércitos y los Capitanes Generales.

— Elevar al Jefe de la Casa los asuntos militares que éste deba tratar con el Ministerio de Defensa.

— Informar al Jefe de la Casa de cuantos temas de carácter militar puedan serle de interés o hayan de ser elevados para su conocimiento a S. M. el Rey.

Cuarto Militar de la Casa de S. M. el Rey y de la Guardia Civil) de las «Normas» internas de la Casa aprobadas por su Jefe el 28 de noviembre de 1988, en desarrollo del citado RD.

[25] Artículo 5.2 del Real Decreto 434/1988, de 6 de mayo, sobre reestructuración de la Casa de S. M. el Rey.

[26] Ver Real Decreto 1492/1990, de 16 de noviembre, por el que se nombró Jefe del Cuarto Militar de la Casa de Su Majestad el Rey al Vicealmirante don Fernando Poole Pérez-Pardo.

[27] Artículo 5 de las «Normas» internas de la Casa de S. M. el Rey, aprobadas por su Jefe, el 28 de noviembre de 1988, en desarrollo del RD 434/1988.

— Intervenir, en coordinación con el Organo correspondiente del Ministerio de Defensa, con las Unidades de Actividades y Programas y Protocolo de la Casa, en la preparación de las actividades de S. M. el Rey y de los miembros de la Familia Real en las Audiencias Militares, los Actos y Maniobras Militares, las visitas a establecimientos o dependencias militares, así como de los aspectos militares de actos civiles.

— Tramitar en nombre de Sus Majestades los Reyes los mensajes de felicitación, pésame, etc., dirigidos a Autoridades o personal militar.

— Colaborar con Protocolo de la Casa, Protocolo del Estado y Ministerio de Asuntos Exteriores, cuando sea requerido para ello, en las visitas oficiales a España de Jefes de Estado extranjeros.

— Realizar los trámites y gestiones, de acuerdo con las disposiciones del Ministerio de Defensa, en lo que afecta al personal militar que presta servicio en la Casa.

En resumen, el Jefe del Cuarto Militar se configura en una triple dimensión:

a) Como Primer Ayudante del Rey.

b) Como Jefe del Cuarto Militar, representación de honor de los Ejércitos ante el Rey.

c) Como Jefe Militar de la Casa, ostentando por delegación del Jefe de la Casa el mando de la Guardia Real.

En relación con estas misiones, se relaciona directamente, en aspectos militares, con autoridades del Ministerio de Defensa, con los Jefes del Estado Mayor y con los Capitanes Generales, trata con el Jefe de la Casa los asuntos militares que éste deba discutir con el Ministerio de Defensa. También se ocupa de otras muchas cuestiones de dirección de la Casa en materia castrense. Para el cumplimiento de sus misiones, el Jefe del Cuarto Militar contará con un Gabinete.

Tal y como está configurado en el Real Decreto 434/1988, de 6 de mayo, el Cuarto Militar constituye la representación de honor de los Ejércitos, al servicio inmediato del Rey, dentro de la Casa de S. M. [28].

El Cuarto Militar estará integrado por [29]:

a) Un Oficial General en activo, que será Primer Ayudante del Rey y Jefe del Cuarto Militar. Por delegación del Jefe de la Casa, la Guardia Real dependerá de él a todos los efectos. Tanto el Jefe del Cuarto como los demás Ayudantes de Campo del Rey, al cesar en su cargo conservarán el carácter de Ayudantes Honorarios [30].

b) Ocho Ayudantes de Campo de S. M. el Rey, con categoría de Jefes, en activo. De ellos, cuatro serán del Ejército de Tierra, uno por cada arma; dos de la Armada, uno de ellos del Cuerpo General y otro de la Infantería de Marina, y dos del Ejército del Aire, uno de ellos de la Escala del Aire y otro de la de Tropas y Servicios.

Los Ayudantes de campo son personas cercanas a la Familia Real, que se encargan de asistirla recibiendo los mensajes o comunicados a ellos dirigidos o atendiendo las incidencias que se produzcan. Reciben sus instrucciones del Rey o de la Familia Real, directa o indirectamente, a través de las Autoridades a que aquéllos se lo encomienden.

---

[28] Artículo 5.1 del Real Decreto 434/1988, de 6 de mayo, sobre reestructuración de la Casa de S. M. el Rey.

[29] Artículo 5.2 del Real Decreto 434/1988, de 6 de mayo, sobre reestructuración de la Casa de S. M. el Rey.

[30] Artículo 5.3 del Real Decreto 434/1988, de 6 de mayo, sobre reestructuración de la Casa de S. M. el Rey.

Son nombrados y separados de su destino libremente por S. M. el Rey. Por su condición de militares en activo, serán destinados por el Ministerio de Defensa.

A efectos de coordinación de su actividad con los restantes Organos y Unidades de la Casa, se relacionarán con el Secretario General.

Las «Normas» internas, aprobadas por el Jefe de la Casa de S. M. el Rey, de 28 de noviembre de 1988, en desarrollo del RD 434/1988, de 6 de junio, establecen las siguientes misiones para los Ayudantes de Campo de S. M. el Rey:

— Ayudar y asistir a S. M. el Rey y miembros de la Familia Real en cuantas ocasiones sea requerido para ello, sujetándose a los términos y límites del requerimiento.

— Transmitir a las Autoridades y Organos correspondientes, según las indicaciones recibidas o la naturaleza de la materia, las órdenes o instrucciones que reciban para su curso.

— Cumplimentar las órdenes que reciban para su ejecución personal dentro del ámbito de su facultad, requiriendo, si fuera preciso, de los Organos de la Casa competentes, los apoyos que sean necesarios.

— Recibir los comunicados, mensajes, llamadas telefónicas, etc., dirigidos a S. M. el Rey o miembros de la Familia Real, atendiéndolos o transmitiéndolos, según las instrucciones que en cada caso concreto reciban o las circunstancias exijan.

— Cumplimentar las órdenes que reciban de S. M. el Rey, sobre organización y gestión de temas concretos que les asigne de forma personal y continuada.

— Atender por la permanente proximidad a la Familia Real, las incidencias que se produzcan durante su servicio, resolviéndolas por sí mismos, cuando la urgencia del caso así lo exija y no puedan trasladarse a los titulares o adjuntos de los Organos o Unidades correspondientes, a los que informará con posterioridad. En este sentido, cuando S. M. el Rey así se lo encomiende, tendrán a su cargo, entre otros, los siguientes cometidos:

— Montar servicio permanente en las Residencias Reales, en la proximidad de la Familia Real.

— Acompañar a S. M. el Rey y miembros de la Familia Real en los actos, viajes y otras actividades que lo requieran.

— Participar en reuniones, viajes y demás actividades preparatorias de actos previstos a realizar por la Familia Real.

— Formar parte del Sequito de Honor de los Jefes de Estado extranjeros en visita oficial a España.

Como puede observarse, se trata de encargos que han de ser atendidos personalísimamente, pues su ámbito de interés cae muy cerca de la persona del Monarca y de su Familia. El Ayudante de Campo de S. M. es una persona que básicamente atiende las necesidades directas del Rey, en cuanto que Jefe del Estado y Jefe Supremo de las Fuerzas Armadas. Es pues una plasmación muy concreta y directa de esa genérica misión encomendada a la Casa de S. M. el Rey de asistirle en sus funciones de Jefe del Estado.

Para el cumplimiento de sus misiones, los Ayudantes de Campo cuentan con una Secretaría, integrada por el personal auxiliar de apoyo necesario.

Los Ayudantes de Campo de S. M. el Rey tendrán en sus relaciones exteriores, además de su propia categoría militar, la que se deriva de la alta función que desempeñan en la inmediata proximidad a la Familia Real. Por ello, cuando acompañen al Jefe del Estado o algún miembro de su Familia en viajes, actos, conmemoraciones o solemnidades, se situarán en lugar especial y adecuado, de acuerdo con las características de cada caso, con la proximidad necesaria a S. M. el Rey o a su Familia, para que puedan cumplir cerca de ellos su misión. Ello será así, sin interferir en el orden general de precedencia establecido por las disposiciones vigentes.

c) Los Ayudantes de Campo que en su día se designen al Príncipe de Asturias.

d) Un Gabinete. El Gabinete está en la actualidad configurado por un Oficial Superior de Estado Mayor del Ejército de Tierra, un Oficial Superior del Cuerpo General de la Armada y un Oficial Superior de Estado Mayor del Ejército del Aire. Por el volumen de trabajo referido al Ejército de Tierra se ha incorporado al Gabinete un Oficial más de la Escala Superior. La Jefatura del Gabinete la ostenta el más antiguo de los oficiales superiores señalados. Si bien la Jefatura del Gabinete no está prevista en el Real Decreto 434/1988, de 6 de mayo, ha sido establecida por razones de coordinación. En todo caso, no hay sujeción jerárquica. Cada uno de los Jefes señalados tiene exclusiva responsabilidad sobre las materias que de él dependen. El Gabinete del Cuarto Militar se configura en cuatro unidades administrativas: personal, protocolo, operaciones y logística-comunicación-información.

Son órganos asesores del Cuarto Militar un Interventor, que lo es a su vez de la Guardia Real, y un Asesor Jurídico, que es a su vez jefe de la Oficina del Derecho de

Petición (OFIDEPE), dependiente a esos efectos de la Secretaría General de la Casa.

El origen de la figura del Asesor Jurídico del Cuarto Militar de la Casa del Rey se encuentra en un acuerdo entre el Ministerio de Defensa y la Casa de S. M. el Rey de dotar de personal adecuado los servicios que deberán desempeñar las funciones de tramitar el ejercicio del derecho de petición de las Fuerzas Armadas ante el Rey. Se trata de una cuestión de singular importancia en función de la cual la figura del Rey no sólo aparece vinculada al funcionamiento institucional de los altos órganos del Estado, sino también al ejercicio de un derecho fundamental [31]. Una vez creada la Oficina del Derecho de Petición, en virtud de las Reales Ordenanzas aprobadas por Ley 85/1978, de 28 de diciembre, se asignó a un Jefe del Cuerpo Jurídico Militar su dirección. En los primeros siete años de Monarquía se tramitaron casi 8.000 expedientes de petición. Desde entonces, la cifra ha descendido notablemente. El Jefe de la Oficina del Derecho de Petición informa una serie de cuestiones que afectan a la esfera de lo militar, como la concesión del distintivo de la Casa del Rey al personal con derecho a ello, así como los *recursos de agravios,* también denominados recursos *ante Nos,* previsto en las Reales Ordenanzas [32].

---

[31] Ver artículo 29.2 CE: *Los miembros de las Fuerzas o Institutos armados o de los Cuerpos sometidos a disciplina militar podrán ejercer este derecho sólo individualmente y con arreglo a lo dispuesto en su legislación específica.* Ver también las Reales Ordenanzas Militares aprobadas por Ley 85/1978, de 28 de diciembre, que en los artículos 199 al 205 recogen las distintas posibilidades petitorias.

[32] Sobre el derecho de petición ante el Rey, así como el *recurso ante Nos* o recurso de agravios que mantienen las Reales Ordenanzas ya citadas, ver Luis Fernando VIGIER GLARÍA, *El derecho de petición: algo más que un derecho inofensivo,* en «Revista Española de Derecho Militar», pp. 151 ss.

Con posterioridad, el Jefe de la Oficina del Derecho de Petición pasó a desempeñar la función de Asesor Jurídico del Cuarto Militar. Las funciones del Asesor Jurídico, inicialmente circunscritas al ámbito de la Oficina del Derecho de Petición, han ido ampliándose con el paso del tiempo. Así, en la actualidad, pueden señalarse dos tipos de tareas: las representativas y las técnico-jurídicas. Si todos los Cuerpos y Armas existentes en el Cuarto Militar desempeñan la tarea genérica de representación de honra de sus Cuerpos y Armas ante el Rey, debe entenderse que el Asesor Jurídico no es ajeno a tal tarea. En cuanto a los cometidos técnico-jurídicos, éstos se centran en materia asesora en relación con el personal de la Guardia Real —unos dos mil hombres—, así como en la resolución de recursos promovidos por integrantes de la desaparecida Escala de la Guardia Real, actualmente en fase de integración en la Guardia Civil.

El Asesor Jurídico del Cuarto Militar mantiene permanentes relaciones con el Patrimonio Nacional, Patrimonio del Estado y Ayuntamiento de Madrid en cuestiones de interés para la Casa, principalmente en relación con los inmuebles ocupados por efectivos militares [33].

4. La Guardia Real

La Guardia Real es un órgano regido por su propio Reglamento que puede considerarse como la unidad armada de la Casa del Rey. A ella le compete proporcionar el servicio de Guardia Militar, rendir honores y dar escolta solemne a S. M. el Rey y a los miembros de su Real

---

[33] Ver Luis Fernando Vigier Glaría, *La Casa de..., obra citada*, pp. 26-27.

Familia cuando se determine por el Jefe de la Casa, prestar análogos servicios a los Jefes de Estado extranjeros cuando así se ordene, así como proporcionar todos aquellos apoyos que determine el Jefe de la Casa [34].

El artículo 1 de la Orden núm. 116/1982, de 2 de agosto, que aprueba el Reglamento de la Guardia Real y que deroga el Reglamento de la Guardia Real aprobado por Orden de 20 de noviembre de 1979, establece que está encargada de desarrollar las funciones que le sean encomendadas. Estará compuesta por personal militar procedente de las Armas y Cuerpos del Ejército de Tierra, Armada y Ejército del Aire y en especial de la Escala de la Guardia Real y de Voluntariado Especial de la Guardia Real [35].

La Guardia Real está constituida por una Jefatura y por Unidades de a pie, a caballo y motorizadas, así como por los servicios correspondientes [36].

Las Unidades de la Guardia Real ocuparán siempre el primer lugar entre las fuerzas militares en los actos oficiales a los que asistan en cumplimiento de las misiones que les corresponden [37].

La Guardia Real dependerá del Jefe de la Casa y por delegación de éste, a todos los efectos, del Jefe del Cuarto

---

[34] Artículo 6.1 del Real Decreto 434/1988, de 6 de mayo, sobre reestructuración de la Casa de S. M. el Rey. Artículo 2.1 de la Orden núm. 116/1982, de 2 de agosto. Artículo 7.2 de las «Normas» internas de la Casa de S. M. el Rey, de 28 de noviembre de 1988.

[35] Artículo 1.1 de la Orden núm. 116/1982, de 2 de agosto.

[36] Arículo 6.2 del Real Decreto 434/1988, de 6 de mayo, sobre reestructuración de la Casa de S. M. el Rey.

[37] Artículo 6.3 del Real Decreto 434/1988, de 6 de mayo, sobre reestructuración de la Casa de S. M. el Rey.

Militar. En los servicios de Guardia Militar y Escolta Solemnes que preste a la Familia Real, dependerá de las instrucciones que para la realización de los mismos dicte la Jefatura del Servicio de Seguridad, previamente aprobadas por el Jefe de la Casa. Sin perjuicio de estas dependencias, el Jefe de la Guardia Real tendrá la responsabilidadad, independencia, autoridad y demás atribuciones que como Jefe de Unidad están determinadas en las Reales Ordenanzas para las Fuerzas Armadas.

El Ministro de Defensa deberá prestar los apoyos de todo orden que precise la Guardia Real para el cumplimiento de sus misiones. Para ello, tanto la Guardia Real como el Servicio de Seguridad mantendrán con los Ministros de Defensa e Interior los enlaces oportunos [38]. Las

---

[38] En este sentido, en el artículo 6.4 del Real Decreto 434/1988, de 6 de mayo, sobre reestructuración de la Casa de S. M. el Rey, se dispone: *el Ministerio de Defensa prestará los apoyos de todo orden que precise la Guardia Real para el cumplimiento de sus misiones.* Asimismo, el artículo 7.3 del mismo texto legal proclama: *El Ministerio del Interior —y el de Defensa en lo referente a la Guardia Civil, cuando proceda— prestará los apoyos de todo orden que precise el Servicio de Seguridad para el cumplimiento de su misión.* Y el artículo 7.4: *Para el mejor desempeño de la función encomendada al Servicio, el Jefe del mismo, por delegación del Jefe de la Casa y en casos justificados por la urgencia, podrá establecer las relaciones necesarias con cuantos Organismos sea preciso, así como solicitar su apoyo y colaboración.* Ver, de otro lado, el artículo 1.*a)* del Real Decreto 1668/1989, de 29 de diciembre, por el que se crea en el Cuerpo Nacional de Policía las Unidades de Intervención Policial, órganos móviles de seguridad pública con la misión de actuar en todo el territorio nacional. Entre las misiones de dichas unidades se establece, en primer lugar, la colaboración en la protección de SS. MM. los Reyes de España y ciertas personalidades nacionales y extranjeras. Ver también el artículo 1.2.2 de la Orden de 17 de febrero de 1982, que desarrolla la estructura orgánica y funcional de los servicios centrales y periféricos de la Dirección General de la Policía, en la que se prevé una sección, denominada Casa de S. M. el Rey, integrada en la Secretaría General.

relaciones de carácter militar que el Jefe de la Guardia Real deba mantener con el Jefe de Estado Mayor de la Defensa, Subsecretario del Ministerio de Defensa, o Jefes de Estado Mayor de los Ejércitos, deberá llevarlas a cabo a través del Jefe del Cuarto Militar [39].

El Servicio de Seguridad está constituido por una Jefatura y Fuerzas de Seguridad del Estado [40]. Los jefes de todos los servicios que componen la Casa de S. M. el Rey están bajo la autoridad directa del Jefe de la Casa y, lógicamente de S. M. el Rey.

El personal de la Guardia Real se rige por el Reglamento que aprueba la Orden núm. 116/1982, de 2 de agosto, y por pertenecer a una Unidad armada, por la Ley 17/1989, de 19 de julio, reguladora del régimen del personal militar profesional, por el Código de Justicia Militar, las Reales Ordenanzas de las Fuerzas Armadas y por los Reglamentos y demás disposiciones militares de carácter general para las Fuerzas Armadas.

El personal de la Escala de la Guardia Real deberá nutrirse exclusivamente de voluntarios, ya que tiene la consideración de Fuerza Especial [41].

En la disposición adicional sexta de la Ley 17/1989 se declara a extinguir la Escala de la Guardia Real. En virtud de la disposición final quinta del mismo texto legal, el Gobierno determinará las normas de integración de los

---

[39] Artículo 76 de las «Normas» internas de la Casa de S. M. el Rey, de 28 de noviembre de 1988, en desarrollo del RD 434/1988, de 6 de mayo.

[40] Artículo 7.2 del Real Decreto 434/1988, de 6 de mayo, sobre reestructuración de la Casa de S. M. el Rey.

[41] Artículo 2.2 de la Orden núm. 116/1982, de 2 de agosto.

componentes de la Escala de la Guardia Real, declarada a extinguir, en el Cuerpo de la Guardia Civil.

5. Funcionamiento de los Organos y Unidades

El funcionamiento de la Casa de S. M. el Rey se basa en dos criterios fundamentales: la unidad del organismo bajo la dirección de la Jefatura y el ejercicio de las facultades atribuidas a los titulares de los distintos Organos y Unidades.

Para propiciar una mejor organización de las actividades de la Casa, la norma general que se observa en el funcionamiento de las distintas Unidades de la misma es que cada una de ellas, bajo la responsabilidad de su titular, funciona con la debida autonomía. Cada una resuelve por sí misma cuantos asuntos no necesiten ser consultados a niveles superiores, con el fin de no acumular en éstos excesivas tareas que saturarían su actividad.

Cuando por ausencia, enfermedad, descanso u otra causa el titular de un Servicio no se encuentre temporalmente al frente del mismo, deberá sustituirle (despachando y resolviendo cuantas cuestiones se produzcan) el siguiente miembro de la Unidad en orden y categoría. Cuando las circunstancias lo aconsejen, será posible agrupar dos o más Unidades bajo una misma Jefatura de nivel superior [42].

---

[42] Artículo 5 del Capítulo IV (De la Secretaría General) de las «Normas» internas de la Casa de S. M. el Rey, de 28 de noviembre de 1988, dictadas por el Jefe de la Casa en desarrollo del Real Decreto 434/1988, de 6 de mayo.

La Jefatura de la Casa materializa el criterio de unidad, trabajando sobre los asuntos de mayor relevancia. La coordinación de estos aspectos la lleva a cabo la Secretaría General, en la que deberá quedar constancia de todas las tramitaciones y acuerdos. La gran variedad de asuntos que concurren en la Casa de S. M. el Rey demanda un trato coordinado en aras de la eficacia. Sólo así puede contribuirse de forma efectiva al buen funcionamiento de la institución y, a través de ella, de la Corona. Por todo ello se ha establecido la Junta de Gobierno de la Casa, presidida por el Jefe y compuesta por los representantes que se determinen de cada una de las áreas de la organización, de acuerdo con los asuntos a tratar.

A las reuniones de la Junta de Gobierno podrán incorporarse también las personas que se designen por el Presidente de la misma cuando sea necesario por los asuntos a tratar, incluso personas no pertenecientes a la Casa que hayan sido contratadas civil o mercantilmente por la misma para una tarea o asesoramiento concreto y específico.

Las reuniones tendrán carácter periódico y normal (en las fechas y ocasiones fijadas por el Presidente) o extraordinario, cuando —a juicio del Presidente— sea necesario.

Sus Majestades los Reyes, o uno de ellos, podrán —con carácter excepcional— presidir las reuniones ordinarias o extraordinarias de la Junta de Gobierno, cuando lo consideren conveniente.

En la Junta de Gobierno se tratan, habitualmente, las siguientes cuestiones:

a) Aspectos económicos que afecten a la Casa. Elaboración del Presupuesto. Análisis de su desarrollo, aplicación y liquidación.

b) Orientaciones a seguir para lograr la mejor imagen de S. M. el Rey, su Familia, y la Casa.

c) Se estudian cuestiones relativas al personal. Se adoptan o proponen medidas para su resolución.

d) Se elaboran las propuestas o informes que deban ser elevados a Sus Majestades los Reyes.

e) Se intercambian criterios sobre cuantos temas tengan relación con las actividades de la Casa.

f) Se fomenta la cooperación y coordinación de todas las unidades de la Casa. Se adoptan directrices al respecto.

g) Se analizan, en general, cuantas cuestiones merezcan ser conocidas de forma colegiada.

h) Nombramiento de comisiones especiales para estudiar, proponer o resolver cuestiones que afecten a personal, contratación, materias económicas, de organización y otras actividades.

Las Secretarías particulares de los distintos titulares de los Organos de la Casa deberán ocuparse exclusivamente de los asuntos no oficiales que se deriven del cargo correspondiente.

El Jefe de la Casa puede delegar sus facultades, de forma general o para asuntos concretos, en los titulares de otros órganos de la Casa. También puede establecer el procedimiento oportuno para matizar, condicionar o suspender la delegación otorgada.

El Secretario General, el Jefe del Cuarto Militar, el Jefe del Servicio de Seguridad y los Ayudantes de S. M. el Rey despachan los asuntos propios de su competencia directamente con el Jefe de la Casa. Para facilitar la tarea del Secretario General (que es el segundo Jefe de la Casa) y a efectos de coordinación, los Jefes del Cuarto Militar y del Servicio de Seguridad y los Ayudantes de S. M. dan conocimiento al Secretario General de los asuntos tratados directamente con el Secretario General de la Casa.

Los titulares de las distintas unidades de la Secretaría General y los de las áreas de la Secretaría de S. M. la Reina despachan todos los asuntos de su competencia directamente con el Secretario General de la Casa.

En la Secretaría de Despacho de la Secretaría General está el Archivo Central. En éste se encuentra centralizada toda la documentación de la Casa. El Archivo Central tiene la misión de recibir y distribuir los asuntos con sentido unitario en aras de la mejor coordinación de los distintos Servicios de la Casa. Así, todos los Organos y Unidades de la Casa remiten para su inmediato registro y trámite a la Secretaría de Despacho de la Secretaría General toda documentación que reciban de Organismos, Entidades o personas ajenas a la Casa que, por su naturaleza e importancia, o por afectar a varios órganos de la Casa, exija su conocimiento y decisión por la Jefatura de la Casa. A la vista de la documentación recibida, directamente o por el procedimiento descrito, la Secretaría General distribuye los asuntos entre los Organos o Unidades de la Casa que deban entender de su tramitación. Según los casos, establece las normas de coordinación y seguimiento pertinentes hasta la resolución del asunto.

Cuando los Organos y Unidades de la Casa remiten documentación a Organismos, Entidades o Personas que, por el nivel del destinatario, la importancia o naturaleza del asunto, o por precisar su coordinación con otros órganos de la Casa, deba ser cursada por la Jefatura de la Casa, la remite a la Secretaria de Despacho de la Secretaría General, para su trámite y curso.

La comunicación entre los distintos Organismos de la Casa, aun cuando por su urgencia se haga verbalmente, se confirma por escrito, mediante notas interiores, cuando el asunto de que se trata reviste una importancia que aconseja dejar la necesaria constancia documental [43].

6. ESTATUTO JURÍDICO DEL PERSONAL AL SERVICIO DE LA CASA DE S. M. EL REY

Entramos en una fase de la investigación en la que se abordan cuestiones que tal vez sean más sustanciosas para los administrativistas o laboralistas. No dejan, sin embargo, de revestir cierta importancia para el Derecho Constitucional, y por ello se aborda —si bien con brevedad— el estatuto jurídico del personal al servicio de la Casa de S. M. el Rey.

Como ha señalado DÍEZ-PICAZO, las personas al servicio de la Casa de S. M. el Rey son empleados públicos en la medida en la que lo son de un órgano del Estado [44]. Están unidos al Rey por un vínculo fiduciario, ya que dependen en todo momento de su confianza, en virtud de lo dispuesto en el artículo 65.2 CE [45]. Debe entenderse que

---

[43] Ver Capítulo X (Del funcionamiento individual o colegiado de los Organos y Unidades de la Casa) de las «Normas» internas de la Casa, de 28 de noviembre de 1988, que desarrollan el Real Decreto 434/1988, de 6 de junio.

[44] Cfr. Luis María DÍEZ-PICAZO, *El régimen jurídico..., obra citada*, p. 129.

[45] Ver artículo 10 del Real Decreto 434/1988, de 6 de mayo, sobre reestructuración de la Casa de S. M. el Rey.

dicho precepto faculta al titular de la Corona a ordenar el trabajo de las personas que prestan servicios en su Casa.

En efecto, las personas que trabajan para la Casa de S. M. el Rey, están sujetas a un ordenamiento particular y a la última autoridad reconocida por dicho ordenamiento: el Monarca. Se trata de una relación de supremacía especial, de una relación disciplinaria [46].

El Jefe de la Casa es, en el marco de su subordinación completa y directa al Monarca, la máxima autoridad en materia de personal.

El personal militar en activo destinado en la Casa de S. M. el Rey deberá cumplir, a todos los efectos, las mismas condiciones que los destinados en el Cuartel General de su respectivo Ejército, con independencia de las que corresponden a los destinados en unidades armadas de la Casa [47].

A los funcionarios eventuales les será de aplicación el régimen previsto para el personal eventual en la Administración del Estado [48].

Al personal laboral le será de aplicación la legislación laboral correspondiente [49].

---

[46] Cfr. Luis María DÍEZ-PICAZO, *El régimen jurídico.., obra citada,* p. 129.

[47] Artículo 10 del Real Decreto 434/1988, de 6 de mayo, sobre reestructuración de la Casa de S. M. el Rey.

[48] Artículo 10 del Real Decreto 434/1988, de 6 de mayo, sobre reestructuración de la Casa de S. M. el Rey.

[49] Artículo 10 del Real Decreto 434/1988, de 6 de mayo, sobre reestructuración de la Casa de S. M. el Rey.

A los funcionarios de toda clase y personal laboral destinados en la Casa de S. M. el Rey, les será de aplicación el régimen de incompatibilidades del personal al servicio de las Administraciones Públicas.

Cuando un funcionario, civil o militar, pase a prestar servicio a la Casa de S. M. el Rey, causará baja en el Ministerio u Organismo donde estuviera destinado y alta en el Ministerio de Administraciones Públicas.

A estos y otros efectos, se confeccionará una relación de puestos de trabajo, de carácter no militar, dependientes de la Casa de S. M. el Rey. Se utilizarán, para su confección, los mismos criterios que se siguen en la Administración del Estado. Esta relación figura como apéndice a la del Ministerio de Administraciones Públicas.

El personal al servicio de la Casa de S. M. el Rey, funcionarios de carrera de la Administración Civil o Militar del Estado, de las Comunidades Autónomas, de la Administración Institucional, de la Seguridad Social, del Poder Judicial o de la Carrera Fiscal y los funcionarios eventuales perciben sus retribuciones del Ministerio para las Administraciones Públicas. De otro lado, los funcionarios comprendidos en la disposición transitoria del Decreto-ley 6/1976, de 16 de junio, y el personal laboral percibirán sus retribuciones con cargo a la Dotación de la Corona.

Los puestos de trabajo denominados de *carácter funcional* pueden ser desempeñados indistintamente por funcionarios de carrera de la Administración Civil o Militar del Estado, de las Comunidades Autónomas, de la Administración Institucional, de la Seguridad Social, del Poder Judicial o de la Carrera Fiscal, por los comprendidos en la disposición transitoria del Decreto-ley 6/1976, de 16 de junio, y por los eventuales y personal laboral [50]. Cuando un funcionario pase a prestar servicio en la Casa de S. M. el Rey, causará baja en el Ministerio donde esté destinado y alta en el Departamento de Administraciones Públicas. Dichos funcionarios, como se ha dicho, recibirán sus retribuciones con cargo a la Dotación para el mantenimiento de la Casa de S. M. el Rey. A los funcionarios eventuales les será de aplicación el régimen jurídico previsto para el personal eventual de la Administración del Estado.

Debe también señalarse que sólo el Jefe de la Casa, el Secretario General y el Jefe del Cuarto Militar tienen reconocida la condición de personal de Alta Dirección [51]. A su vez, los titulares de todas las Unidades que integran la Secretaría General son considerados como personal de Dirección [52]. Unos y otros son nombrados por Real Decreto [53]. En caso de que pertenezcan a algún Cuerpo de funcionarios, lo que siempre sucede en el caso del Jefe del Cuarto Militar, habrá que considerarlos también en situación de servicio activo con respecto al Cuerpo respectivo.

El personal de Alta Dirección y de Dirección percibirá, respectivamente, las retribuciones con cargo a la Dotación de la Corona que en los Presupuestos Generales del Estado se atribuyan a los Ministros (Jefe de la Casa), Secretarios de Estado (Secretario General de la Casa),

---

[50] Artículo 11.2 del Real Decreto 434/1988, de 6 de mayo, sobre reestructuración de la Casa de S. M. el Rey.

[51] Artículo 9.1 del Real Decreto 434/1988, de 6 de mayo, sobre reestructuración de la Casa de S. M. el Rey.

[52] Artículo 9.2 del Real Decreto 434/1988, de 6 de mayo, sobre reestructuración de la Casa de S. M. el Rey.

[53] Artículo 9.3 del Real Decreto 434/1988, de 6 de mayo, sobre reestructuración de la Casa de S. M. el Rey.

Subsecretarios (titulares de las siguientes Unidades de la Secretaría General: Secretaría de Despacho, Actividades y Programas, Relaciones con los Medios de Comunicación, Protocolo, Intendencia, Centro de Comunicaciones e Informática), Directores Generales (resto de personal de Dirección).

El régimen de incompatibilidades del personal de Alta Dirección y de Dirección es el vigente para los Altos Cargos de la Administración.

Sólo a efectos internos, los Ayudantes de Campo de S. M. el Rey y los Asesores titulares de las áreas que componen la Secretaría de S. M. la Reina, tendrán la misma consideracion que el personal de Dirección [54].

Para graduar, con carácter general, la precedencia entre los titulares de las distintas Unidades de la Casa que tienen consideración de Dirección General habrá que observar el siguiente orden:

a) El primero será el Jefe del Servicio de Seguridad, por la importante función que cumplen cerca de S. M. el Rey y su Familia y por la especial clasificación de que es objeto en el artículo 2 del Real Decreto 434/1988, de 6 de mayo.

b) A continuación los titulares de:

— La Secretaría de Despacho.

— Actividades y Programas.

---

[54] Artículos 3, 11 y 12 del Capítulo VIII (Del Personal de la Casa de S. M. el Rey) de las «Normas» internas de la Casa, de 28 de noviembre de 1988, que desarrollan el RD 434/1988.

— Relaciones con los medios de comunicación.

— Protocolo.

— Intendencia.

— Centro de Comunicaciones e Informática.

Se trata de un orden que establecen las «Normas» internas de la Casa de 28 de noviembre de 1988, y que podrá ser alterado excepcionalmente en casos particulares y concretos en función de la misión a desempeñar.

En resumen, el personal de la Casa de S. M. el Rey, puede ser clasificado de la siguiente forma:

a) De Alta Dirección.

b) De Dirección.

c) Funcionarios de Carrera de la Administración Civil o Militar del Estado, de las Comunidades Autónomas, de la Administración Institucional y de la Seguridad Social, así como del Poder Judicial y Carrera Fiscal.

d) Funcionarios comprendidos en la disposición transitoria del Decreto-ley 6/1975, de 16 de junio.

e) Funcionarios eventuales.

f) Personal laboral.

La Casa de S. M. el Rey podrá contratar, además, a personas físicas para la realización de trabajos específicos y concretos no habituales y para la obtención de asesoramiento externo. Los contratos de esta naturaleza que se celebren no podrán tener, en virtud de lo dispuesto en las «Normas» internas de la Casa, de 28 de noviembre de 1988, una duración superior a un año, excepto cuando lo exija la excepcionalidad de las circunstancias. A estos contratos les será de aplicación la normativa civil o mercantil [55].

El personal contratado según este procedimiento depende directamente del Secretario General o de la Jefatura de Unidad que el Secretario General determine, a efectos del cometido encomendado.

---

[55] Ver artículo 2 del Capítulo IX («De la contratación de servicios de asesoramiento y trabajos no habituales») de las «Normas» internas de la Casa, de 28 de noviembre de 1988.

V. NATURALEZA JURIDICA

1. NATURALEZA Y RÉGIMEN JURÍDICO DE SU ACTIVIDAD

La Casa de S. M. el Rey es una organización estatal no insertada en ninguna de las administraciones públicas. Así lo constata unánimemente la doctrina y la jurisprudencia constitucional al respecto. El Tribunal Constitucional califica de *nítida* la separación existente entre la organización de la Casa de S. M. el Rey y las Administraciones Públicas [1]. Se trata, pues, de una organización estatal no administrativa [2], un complejo orgánico de naturaleza pública —per-

[1] STC 112/1984, de 28 de noviembre, FJ 2.º (BOE núm 305, de 21 de diciembre de 1984). Ver Eliseo AJA/Marc CARRILLO/Enoch ALBERTI, *Manual de Jurisprudencia Constitucional,* Madrid, 1990, p. 152.

[2] La expresión, si bien no referida expresamente a la Casa de S. M. el Rey, pertenece a SANTAMARÍA PASTOR. Ver J. A. SANTAMARÍA PASTOR, *Sobre la personalidad jurídica de las Cortes Generales. Una aproximación a los problemas de las organizaciones estatales no administrativas,* en «Revista de Derecho Político», núm. 9, p. 8.

tenece al Estado— no integrado en la Administración [3]. También desde sede normativa, en el Real Decreto 434/1988, de 6 de mayo, sobre reestructuración de la Casa de S. M. el Rey, se dice que la Casa no está integrada en la Administración del Estado, aunque «se apliquen a su organización y funcionamiento determinados principios y criterios de la misma».

Sin que existan diferencias sustanciales con las afirmaciones anteriores, BASSOLS COMA califica a la Casa de S. M. el Rey (junto con la Dotación y el Patrimonio Nacional) como *institución administrativa* [4]. El citado autor fundamenta esta calificación en dos consideraciones. La primera de ellas es que el órgano constitucional de la Corona necesita que en su seno se desarrolle una actividad administrativa al servicio tanto de sus funciones constitucionales como de las domésticas —personales y familiares—. Esa necesidad viene a concretarse en la existencia de un *núcleo instrumental de gestión interna* en el orden material, presupuestario y personal que reclama su autonomía institucional en paralelismo con la que poseen instituciones análogas en el resto de órganos constitucionales [5]. La segunda es que la utilización de tal término en la Casa de S. M. el Rey es posible, a pesar de que no se encuentre inserta en las Administraciones Públicas, si se tiene en cuenta el desbordamiento actual del concepto de Admi-

---

[3] Cfr. Carmen FERNÁNDEZ-MIRANDA CAMPOAMOR, *La dotación de..., obra citada,* p. 135; Luis María DÍEZ-PICAZO, *El régimen jurídico..., obra citada,* p. 115.

[4] Martín BASSOLS COMA, *Instituciones administrativas al ..., obra citada,* p. 154.

[5] Cfr. Luis María DÍEZ-PICAZO, *El régimen jurídico..., obra citada,* p. 116.

nistración pública y de su actividad [6]. Si inicialmente el encuadramiento subjetivo de ésta en el seno del Poder Ejecutivo constituía su más importante elemento constitutivo y definitorio, hoy puede apreciarse una revalorización del concepto objetivo de función administrativa. Y ello es así precisamente por su extensión, necesaria e inevitable, al seno de otros órganos constitucionales y organizaciones públicas no encuadrables en el Poder Ejecutivo.

La consecuencia de ello es la dilatación del esquema de principios decantados históricamente por el Derecho Administrativo hacia otros ámbitos. De ahí que sea posible calificar a determinadas instituciones como *administrativas,* aun cuando no formen parte del Gobierno o de la Administración Pública. Pienso que si bien con semejante glosa la utilización terminológica de BASSOLS COMA es impecable, en otro contexto podría llevar a confusión, por lo que opto por utilizar la propuesta por SANTAMARÍA PASTOR.

Resulta evidente que la existencia de este tipo de organizaciones estatales no administrativas requiere un ordenamiento constitucional basado en la división de poderes, al menos en su versión moderna de la existencia de órganos estatales diversos e independientes entre sí que vienen a limitarse recíprocamente [7]. De esta forma, la jurisdicción contencioso-administrativa se ha transformado en el juez común de la actividad administrativa objetivamente considerada [8].

---

[6] Martín BASSOLS COMA, *Instituciones adminitrativas al..., obra citada* p. 155.

[7] Luis María DÍEZ-PICAZO, *El régimen jurídico..., obra citada* p. 116.

[8] Martín BASSOLS COMA, *Instituciones administrativas al..., obra citada,* p. 155.

No es incompatible definir, como hace DÍEZ-PICAZO apoyándose en la conceptuación de SANTAMARÍA PASTOR[9], la naturaleza jurídica de la Casa de S. M. el Rey como la de *organización estatal no administrativa* (en el sentido de la estricta separación existente con la Administración Pública) y calificarla —BASSOLS COMA[10]— como *institución administrativa,* según la naturaleza de las funciones que lleva a cabo y atendiendo la referida mutación experimentada por el concepto de función administrativa. A pesar de ello, por los motivos ya expresados, parece que podemos inclinarnos por el uso de la primera de las denominaciones.

Con independencia del régimen jurídico propio, integrado por un conjunto de normas particulares, el aparato burocrático al servicio del Jefe del Estado en España se rige, al igual que el resto de las organizaciones estatales no administrativas, por el Derecho administrativo[11]. El régimen jurídico de la actividad de la Casa de S. M. el Rey en lo que respecta a sus relaciones externas es el determinado por el Derecho común, esto es civil, mercantil y laboral[12].

---

[9] J. A. SANTAMARÍA PASTOR, *Sobre la personalidad..., obra citada,* pp. 8 ss.

[10] Martín BASSOLS COMA, *Instituciones administrativas al..., obra citada,* pp. 154-155.

[11] Luis María DÍEZ-PICAZO, *El régimen jurídico..., obra citada,* p. 116; Martín BASSOLS COMA, *Instituciones administrativas al..., obra citada,* p. 155.

[12] Cfr. Luis María DÍEZ-PICAZO, *El régimen jurídico..., obra citada,* p. 132.

2. NATURALEZA JURÍDICA DE LA NORMATIVA REGULADORA

Del artículo 65.2 CE se deriva en favor de S. M. el Rey una capacidad normativa autónoma que tiene un cierto paralelismo con las facultades de ordenación que tienen en el ordenamiento jurídico español el Tribunal Constitucional, el Congreso de los Diputados o el Poder Judicial. Todos ellos son también órganos de relevancia constitucional. El ejercicio de esa capacidad de ordenación se ha manifestado, sin embargo, de forma muy peculiar en la Jefatura del Estado.

Esa capacidad normativa se ha utilizado en alguna ocasión. Es el caso de la disposición interna del Jefe de la Casa que altera la estructura de la Casa dispuesta en el Real Decreto 434/1988, de 6 de mayo. La disposición es de 17 de abril de 1996, y se aprueba en virtud de lo dispuesto en el artículo 65.2 de la Constitución y en el artículo 14 del citado Real Decreto 434/1988. Con anterioridad, el 28 de noviembre de 1988, el Jefe de la Casa, por delegación de S. M. el Rey, había aprobado también las «Normas» internas que desarrollaban el RD 434/1988, de 6 de mayo, de reestructuración de la Casa de S. M. el Rey.

En la regulación de la Casa del Rey se han venido utilizando históricamente normas de muy diversa naturaleza: Reglamentos, Ordenanzas, Reales Decretos [13]...

Estas normas no fueron publicadas en la *Gaceta* [14].

---

[13] Ver Carmen FERNÁNDEZ-MIRANDA CAMPOAMOR, *La dotación de..., obra citada,* p. 137.

[14] Se encuentran en el archivo del Palacio Real de Madrid, legajos 939-946. Citados por Angel MENÉNDEZ REXACH, *La Jefatura del..., obra citada,* p. 138.

Podrían por tanto ser relacionadas con la teoría de los *interna corporis acta,* normas meramente internas, no integrantes del ordenamiento jurídico del Estado, aunque no parece convenirle la expresión porque no se trata de un cuerpo, sino de un órgano con una clara estructura jerárquica dependiente, en última instancia, del propio Jefe del Estado.

Estas eran sus principales características [15]:

a) El Parlamento no interviene en su elaboración.

b) No son publicadas.

c) No vinculan a terceros. Van exclusivamente dirigidas a los integrantes de la Casa del Rey.

La naturaleza jurídica de tales normas era el reflejo de la propia independencia tradicional de una Monarquía con amplios poderes propios. La Casa del Rey se consideraba un ámbito exclusivo del Monarca, sobre el que éste disponía de una extensa capacidad de disposición, sin posibilidad de injerencia o intervención exterior [16].

Si antes se afirmaba que los precedentes de la Casa del Rey se remontan hasta los de la propia Monarquía, la actual Casa tiene, como se ha visto, su origen en la restauración en la Monarquía de 1975 [17].

---

[15] Ver Carmen FERNÁNDEZ-MIRANDA CAMPOAMOR, *La dotación de..., obra citada,* p. 138.
[16] Cfr. Martín BASSOLS COMA, *Instituciones administrativas al..., obra citada,* p. 167; Carmen FERNÁNDEZ-MIRANDA CAMPOAMOR, *La dotación de..., obra citada,* p. 138.
[17] Cfr. Luis María DÍEZ-PICAZO, *El régimen jurídico..., obra citada,* p. 117.

En concreto, la Casa de S. M. el Rey se crea de forma muy urgente tras la muerte del general Franco, anterior Jefe del Estado, mediante Decreto 2942/1975, de 25 de noviembre. Se entiende que entonces se utilizara la figura del Decreto, que fue refrendado por Arias Navarro, pues el Rey, según lo previsto por las Leyes de Sucesión y Orgánica del Estado —como ya se ha adelantado en páginas precedentes—, tenía poderes propios, entre los que se encontraba el Reglamentario [18].

El Decreto 2942/1975 fue desarrollado por las Ordenes del Ministerio del Ejército de 31 de diciembre de 1975 (*Diario Oficial* de 3 de enero de 1976) y de 28 de enero de 1976 (*Diario Oficial* de 31 de enero de 1976), que crearon el Cuarto Militar de la Casa del Rey. Mediante Real Decreto-ley 6/1976, de 16 de junio (Boletín Oficial del Estado de 18 de junio), se reguló el régimen jurídico del personal de la Casa del Rey.

En diciembre de 1978 se aprueba la Constitución española, que menciona la Casa del Rey en los dos apartados del artículo 65:

1. *El Rey recibe de los Presupuestos del Estado una cantidad global para el sostenimiento de su Familia y Casa, y distribuye libremente la misma.*

2. *El Rey nombra y releva libremente a los miembros civiles y militares de su Casa.*

Consecuencia del nuevo orden constitucional [19] es la

---

[18] Cfr. Luis Fernando VIGIER GLARÍA, *La Casa de..., obra citada,* p. 5; Carmen FERNÁNDEZ-MIRANDA CAMPOAMOR, *La dotación de..., obra citada,* p. 138.

[19] Ver Preámbulo del Real Decreto 310/1979, de 13 de febrero (BOE 23 de febrero).

aprobación del Real Decreto 310/1979, de 13 de febrero (BOE 23 de febrero), que derogó el Decreto 2942/1975 y reestructuró la organización de la Casa del Rey[20]. El decreto salva ciertos flecos de la irresponsabilidad regia, no cubiertos por el refrendo ministerial o el de los presidentes del Gobierno y del Congreso de los Diputados, mediante la figura del Jefe de la Casa, que en caso de ausencia o enfermedad es sustituido, como ya se ha visto, por el Secretario General. Se establecen los siguientes servicios: Jefatura, Cuarto Militar, Secretario Militar, Guardia Real y Servicio de Seguridad. Posteriormente, el Real Decreto 434/1988, de 6 de mayo, de reestructuración de la Casa de S. M. el Rey, viene a dotar de una nueva organización a la Casa que no es modificada hasta el 17 de abril de 1996, en virtud de una disposición interna del Jefe de la Casa. Esta última disposición es del tipo anteriormente descrita para señalar las primeras soluciones normativas históricas de la Casa. Se trata de una disposición de exclusiva elaboración interna (no interviniendo en ella Parlamento ni Gobierno), que no son publicadas y que van exclusivamente dirigidas a los integrantes de la Casa de S. M. el Rey. Supone, sin embargo, una modificación material de una norma de rango reglamentario, el Real Decreto 434/1988, de 6 de mayo. Ello es posible no sólo por la capacidad normativa que se deriva del artículo 65.2 de la Constitución Española, sino también por lo dispuesto en el mismo artículo 14 del citado RD 434/1988, que deja a S. M. el Rey y, por ende, al Jefe de la Casa cualquier modificación futura de la misma, siempre que no

---

[20] Cfr. Carmen FERNÁNDEZ-MIRANDA CAMPOAMOR, *La dotación de..., obra citada,* pp. 135,138; Luis María DÍEZ-PICAZO, *El régimen jurídico..., obra citada,* p. 117; Martín BASSOLS COMA, *Instituciones administrativas..., obra citada,* p. 170.

afecte a la Administración Pública. Con esta excepción, de apariencia anacrónica (por recordar a los tiempos en los que el Monarca gozaba de real capacidad normativa autónoma), pero con completo fundamento constitucional, todas las soluciones normativas de la estructura de la Casa de S. M. han sido adoptadas mediante Real Decreto.

La utilización del Real Decreto como instrumento jurídico para regular la Casa de S. M. el Rey ha sido discutida [21]. De un lado, el Real Decreto es poder normativo específico del Gobierno reunido en Consejo de Ministros, del que está ausente el Rey que, con su posterior firma, otorga al documento carácter de acto de Estado. De otro lado, también debe ser tenida en consideración la autonomía que la Constitución otorga al Rey para nombrar y relevar a los miembros civiles y militares de su Casa.

En la Exposición de Motivos del Real Decreto 310/1979, de 13 de febrero (BOE 23 de febrero) puede leerse: *Finalmente es de destacar que se recurre a la vía del Real Decreto para efectuar esta reorganización por ser este tipo de norma la que articulaba la estructura de la Casa de S. M. hasta este momento, y en cuanto que en alguna medida queden afectadas otras instituciones, dejando sin embargo muy claro que en lo sucesivo, y por el propio imperativo constitucional, las ulteriores reorganizaciones serán plenamente libres para el Rey, siempre que no afecte a la Administración Pública.* Se trata de una perla que ha dejado el legislador a los historiadores del Derecho, ya que justifica el uso del Real Decreto como instrumento jurídico en su anterior

---

21 Ver Carmen FERNÁNDEZ-MIRANDA CAMPOAMOR, *La dotación de..., obra citada,* p. 139; Luis María DÍEZ-PICAZO, *El régimen jurídico..., obra citada,* pp. 118 ss.

utilización pre-constitucional. Uso que se apoyaba en estructuras jurídico-políticas sustancialmente diferentes a las entonces ya vigentes. Además, parece desconocer la actual configuración constitucional de la Monarquía, que nada tiene que ver con anteriores experiencias históricas. El Rey carece de poderes propios, más allá de sus funciones arbitral, moderadora y simbólica y, precisamente, de la facultad de nombrar y separar a los miembros civiles y militares de su Casa. Sorprende, también, encontrarse con la Real Cédula de 23 de noviembre de 1990, por la que se nombra al Rector del Colegio de «San Albano», Seminario de Ingleses en Valladolid [22]. Se trata de una norma en desuso, de la que apenas se ocupan los manuales de Derecho administrativo [23]. Son normas singulares que proceden de los tiempos en que el Monarca gozaba de autonomía normativa. Su uso no deja de parecer un anacronismo sin mayor relevancia.

Curiosamente, mientras otras instituciones del Estado cercanas a la Corona han sido reguladas por ley [24], la Casa de S. M. el Rey siempre lo ha sido por Real Decreto. DÍEZ-PICAZO considera vejatoria la utilización de este instrumento [25]. De hecho, también podría argumentarse

---

[22] La Real Cédula hace alusión a la habilitación que tiene el Rey de España para proceder a tal nombramiento en virtud de las Reales Cédulas de Carlos III, de 18 de octubre de 1778, y de Fernando VII, de 29 de agosto de 1830.

[23] Ver, excepcionalmente, sobre la Real Cédula, Juan A. SANTAMARÍA PASTOR, *Fundamentos de Derecho Administrativo,* vol. 1, Madrid, 1989, p. 693. SANTAMARÍA PASTOR sitúa el nacimiento de estas normas y de las Reales Provisiones en el siglo XIV. Las Reales Provisiones se empleaban para publicar los actos de Cortes y las Pragmáticas, así como para los nombramientos de mayor relieve.

[24] Ver Ley de 16 de junio de 1982, que regula el Patrimonio Nacional.

[25] Luis María DÍEZ-PICAZO, *El régimen jurídico..., obra citada,* pp. 199 ss.

que si el Tribunal Constitucional ha sido regulado, en desarrollo constitucional, mediante Ley Orgánica, o si el Reglamento del Congreso de los Diputados y del Senado tiene fuerza de ley e incluso se los considera parte del bloque de la constitucionalidad, ¿por qué se utiliza para regular la Casa de S. M. el Rey, la institución más cercana a la Corona, con asiento constitucional directo, una norma de rango reglamentario?

En mi opinión el uso del Real Decreto está más que justificado y responde a la articulación de distintos intereses y necesidades de las altas instituciones del Estado. Debe entenderse tal uso como la materialización del fluido entendimiento que hasta ahora ha existido entre la Corona y el Poder Ejecutivo, con independencia del color político de la fuerza o fuerzas parlamentarias que lo sustenten [26]. Aquélla ha gozado en la práctica de plena libertad para estructurar su Casa y elegir a las personas que la integran. El mecanismo del Real Decreto de un lado da juridicidad a un acto libérrimo de la Corona, que de esta forma alcanza categoría normativa, y de otro salva la irresponsabilidad regia trasladando la responsabilidad del acto al Presidente del Gobierno, que la asume hasta de un acto libre de S. M. el Rey.

Un buen ejemplo, de naturaleza normativa, de que la práctica camina por esos senderos de intensa y directa cooperación y que son satisfactorios desde diversos puntos de vista, lo encontramos en la decisión que ha de tomarse en cuanto al procedimiento a seguir para articular la cooperación entre la Casa y los Departamentos de la Administra-

---

[26] Ver Sabino FERNÁNDEZ CAMPO, Prólogo, en «Aquellos años» (Julio FEO), *obra citada*, pp. 9 ss. Además esa deseable cooperación encuentra, también, cauce normativo.

ción del Estado en materia consultiva asesora, siempre en favor de aquélla. Así, el artículo 13 del Real Decreto 434/1988, de 6 de mayo, sobre reestructuración de la Casa de S. M. el Rey, prevé que los distintos Departamentos de la Administración del Estado proporcionen a la Casa los informes, dictámenes o asesoramiento de cualquier naturaleza que la propia Casa solicite, así como cuantos otros apoyos o ayudas demande para el cumplimiento de las misiones que tiene encomendadas. Todo ello, dice también el citado artículo 13, por razones de economía administrativa, y para evitar en cuanto sea posible la creación en la Casa de órganos con funciones paralelas a los de la Administración del Estado. De otro lado el artículo 5 del Capítulo II de las «Normas» aprobadas, con el Jefe de la Casa el 28 de noviembre de 1988, en desarrollo del citado RD 434/1988, establece que podrá proponerse a la Presidencia del Gobierno el trámite a seguir para la solicitud, formalización y curso de los informes, dictámenes o asesoramientos que solicite la Casa de los distintos Departamentos de la Administración del Estado. La norma desarrolla el artículo 13, párrafo segundo, del RD 434/1988, que establece que será la Presidencia del Gobierno el órgano que establecerá con carácter general el trámite a seguir para la solicitud, formalización y curso de los dictámenes, informes u opiniones legales. El RD señala a la Presidencia del Gobierno como el órgano competente para la aprobación de las normas procedimentales y la norma interna de la Casa de S. M. el Rey que la desarrolla prevé que desde la propia Casa se proponga a la Presidencia del Gobierno el trámite que ésta habrá de formalizar para su definitivo establecimiento. Ese es el mecanismo que en la práctica se viene ejercitando, de forma que la necesaria autonomía de la Casa y su más alta dignidad representativa queden siempre salvaguardadas. El correspondiente Departamento de la Administración del Estado aprueba o formaliza una fórmula o solución (de organización interna o de nombramientos) que por su naturaleza material cae dentro de las decisiones que corresponden al Real Organo.

En suma, si el contenido del Real Decreto responde a la voluntad del Monarca, como de hecho ha venido siempre sucediendo, la intervención formal del Ejecutivo mediante el Real Decreto sólo supone coordinación, de un lado, y aseguramiento de la irresponsabilidad regia, de otro lado. Así el Real Decreto 323/1995, de 3 de marzo, por el que se concede, con carácter vitalicio, la facultad de usar el título de Duquesa de Lugo a la Infanta Doña Elena [27], evidencia que tanto el Rey, que habla en el Real Decreto en primera persona («En atención a las circunstancias que concurren en mi muy querida Hija...»), como el Ejecutivo, productor formal de la norma que la aprueba y que por ello refrenda el acto del Rey, han sido coautores materiales del Real Decreto. Se pone así de manifiesto cómo el uso de esa categoría normativa es utilizado también para introducir en el ordenamiento —otorgando rango reglamentario— algunas decisiones del Monarca que son aceptadas por el Ejecutivo. Otro ejemplo de ello es el Real Decreto 469/1993, de 1 de abril, por el que se declaran días de Luto Nacional y se disponen los honores fúnebres con motivo del fallecimiento del Conde de Barcelona,

---

[27] El Real Decreto dispone tal concesión, en virtud del artículo 62.*f)* de la Constitución y de lo dispuesto en el artículo 6 del Real Decreto 1368/1987, de 6 de noviembre: «*El uso de títulos de nobleza, pertenecientes a la Casa Real, solamente podrá ser autorizado por el Titular de la Corona a los miembros de Su Familia. La atribución del uso de dichos títulos tendrá carácter graciable, personal y vitalicio*». En el Real Decreto 1368/1987, de 6 de noviembre, de establece el régimen de títulos, tratamientos y honores de la Familia Real y de los Regentes.

don Juan de Borbón, padre de S. M. el Rey don Juan Carlos. El texto también recoge un texto de S. M. el Rey, que habla en primera persona: «Ante el fallecimiento de mi Augusto Padre...». En este Real Decreto, el 469/1993, S. M. el Rey dice disponer «a propuesta del Presidente del Gobierno y previa deliberación del Consejo de Ministros en su reunión del día 1 de abril de 1993». La coordinación del Ejecutivo y Jefe del Estado es real y se refleja en el uso del Real Decreto. Pueden verse también, por analogía, los Reales Decretos 67/1990, 68/1990 y 69/1990, todos ellos de 19 de enero, relativos a los ceses del Marqués de Mondéjar y de Sabino Fernández Campo en sus respectivas responsabilidades, designando al Marqués de Mondéjar como Jefe Honorario de la Casa —con carácter vitalicio— y a Sabino Fernández Campo como Jefe de la Casa de S. M. el Rey. Pueden verse también los Reales Decretos 1491/1990 y 1492/1990, ambos de 16 de noviembre, por los que se cesa y nombra, respectivamente, al Jefe del Cuarto Militar de la Casa.

Si la Casa de S. M. el Rey y las decisiones con respecto a reestructuraciones y nombramientos hubieran sido reguladas por ley, la voluntad y los deseos del Monarca hubieran tenido que ceder ante los superiores, por soberanos, del Parlamento. El tradicional proceso deliberativo de éste y el régimen de opinión pública propio de las democracias que impera en nuestro país hubiera posibilitado en los obligados debates, voces discrepantes en materia tan necesitada de consenso e incluso de unanimidad como ésta [28]. De este modo, con el uso del Real

---

[28] Cfr. Antonio TORRES DEL MORAL, *Monarquía y opinión pública,* en «Diario 16», 11 de febrero de 1993, p. 4.

Decreto, se evita extender innecesariamente las legítimas discrepancias que al respecto pueden existir entre las distintas fuerzas políticas e incluso entre la propia Jefatura del Estado y éstas. El constituyente quiso, con el diseño adoptado por el Título II de la Constitución, preservar a la más alta de las Magistraturas del juego dialéctico propio de la confrontación política. La Casa de S. M. el Rey es una institución difícilmente deslindable de la propia figura personal del Monarca. Parece, por tanto, una buena opción el encontrar un ropaje jurídico adecuado que permita, como decía antes, conjuntar los diferentes intereses y voluntades, siempre en el marco permitido por el ordenamiento constitucional, y preservar así al Rey en lo posible del necesariamente desgastador debate político [29].

Lo dicho no significa ir en menoscabo o detrimento de las fuerzas parlamentarias que encauzan la voluntad popular, ya que la práctica del Real Decreto ha sido tácitamente aceptada por la gran mayoría de fuerzas políticas con representación parlamentaria. Ciertamente se trata de un cauce de ejercicio de la voluntad popular heterodoxo (el consenso extraparlamentario) y no aceptable como regla general. Pero, como también en otras ocasiones se pone de manifiesto, el encaje de la Monarquía en el Estado de Derecho, que es perfectamente compatible con la mayor pulcritud democrática, implica en ciertas ocasiones y circunstancias bordear el positivismo constitucional. En todo caso, y dada la práctica que se ha venido observando de utilizar el Real Decreto como instrumento normativo para el desarrollo posconstitucional de la Casa de S. M. el Rey, bien podría interpretarse que

---

[29] Cfr. Javier Cremades, *Más sobre el Rey,* en «Diario 16», 31 de enero de 1993, p. 4.

se trata de una disposición reglamentaria con fuerza de ley, pues se incardina directamente bajo la Constitución, en un razonamiento con algunas similitudes al que la doctrina mayoritaria hace con respecto a los Reglamentos parlamentarios.

Un nuevo argumento a favor del uso del Real Decreto es que la normativa reguladora de la organización de la Casa de S. M. el Rey afecta a la Administración Pública (fundamentalmente en materia de personal) y, por ello, no debe ser resuelta esta cuestión —sólo por lo que a este particular aspecto concierne— por una norma interna, al menos si las modificaciones futuras siguen afectando a la Administración Pública. Así, tanto el artículo 14 del RD 434/1988, de 6 de mayo, sobre reestructuración de la Casa de S. M. el Rey, como el artículo 4 del Capítulo II (De la Organización de la Casa de S. M. el Rey) de «normas» internas aprobadas por el Jefe de la Casa el 28 de noviembre de 1988[30], en desarrollo del citado Real Decreto 434/1988, prevé que «en lo sucesivo, cualquier modificación de la Casa de Su Majestad que no afecte a la Administración Pública, y a tenor de lo previsto en el artículo 65 de la Constitución, será resuelta libremente por Su Majestad el Rey, ya de una manera directa, ya en nombre suyo por el Jefe de la Casa». Se prevén también, en este sentido, facultades del Jefe de la Casa para ampliar o modificar en el futuro las «Normas» de referencia. Existe en el tenor literal de la norma o disposición interna un reconocimiento tácito de la necesidad del uso del Real

[30] A estas «Normas» habría que negarles el carácter de *interna corporis acta* en la medida en que desarrollan una norma (el RD 434/1988, de 6 de mayo) de naturaleza reglamentaria a la que se encuentran directa, explícita y completamente sujetas.

Decreto en la medida que la Administración Pública resulte afectada. Dada la naturaleza y funcionamiento de la Casa, es difícil pensar en una variación normativa que no afecte a la Administración Pública. Por ello, parece previsible que en el futuro se mantenga la actual práctica: Real Decreto para modificación de la organización y disposiciones o normas internas para su posterior desarrollo. En cumplimiento de lo previsto en el artículo 65.2 de la Constitución, la participación de la Corona en los procesos normativos de referencia debe ser real, directa y completa. Siendo así, mandato constitucional y juridicidad estatal encuentran su cauce tal y como he venido explicando.

En virtud de una disposición interna de 17 de abril de 1996, y desarrollo de lo previsto en los artículos 65.2 de la Constitución y el artículo 14 del RD 434/1988, el Jefe de la Casa reorganiza la misma, sin que esa remodelación afecte a la Administración Pública.

Otro argumento en favor de la tesis que sustento puede encontrarse en el propio nombramiento de los integrantes de la Casa de S. M. el Rey [31]. Incluso en virtud de los artículos 65.2 y 56.3 de la Constitución Española estos actos pueden entenderse exentos del refrendo del Presidente del Gobierno o de sus Ministros [32], en la práctica tales nombramientos se efectúan mediante Real Decreto, norma que no es sino cauce del poder reglamen-

---

[31] Valga como ejemplo el Real Decreto 134/1993, de 29 de enero, por el que se nombra Jefa de Relaciones con los Medios de Comunicación de la Secretaría General de la Casa del Rey a Asunción Valdés Nicolau. Por ser Real Decreto, la firma del Rey va sucedida, y por lo tanto refrendada, por la del Presidente del Gobierno.

[32] Ver Javier CREMADES, *Los fundamentos históricos..., obra citada,* p. 158.

tario del Gobiemo. Aunque pudiera pensarse que el hecho de utilizar tal disposición hurta al Monarca de un derecho que le es reconocido por el artículo 65.2 de la Constitución, en la práctica éste decide libre, pero consensuadamente, quiénes son las personas que trabajan para él en su Casa (nos referimos, fundamentalmente, al personal de Dirección y de Alta Dirección). Así, en el relevante Real Decreto 434/1988, de 6 de mayo, sobre reestructuración de la Casa de Su Majestad el Rey, se proclama por un lado que los miembros civiles y militares de la Casa son nombrados y relevados libremente por el Rey, de acuerdo con el artículo 65.2 de la Constitución. De otro lado, también se afirma que los que son considerados como personal de Dirección [33] y de Alta Dirección [34], serán nombrados por Real Decreto [35].

A profundizar en esta cuestión se dedican las siguientes páginas.

---

[33] Los titulares de la Secretaría de Despacho, Actividades y Programas, Relaciones con los medios de comunicación, Protocolo, Intendencia y Centro de Comunicaciones e Informática, todos ellos órganos de la Secretaría General según el artículo 9.2 del Real Decreto 434/1988, de 6 de mayo, sobre reestructuración de la Casa de S. M. el Rey.

[34] Jefe de la Casa del Rey, Secretario General, y Jefe del Cuarto Militar, según el artículo 9.1 del Real Decreto 434/1988, de 6 de mayo, sobre reestructuración de la Casa de S. M. el Rey.

[35] Artículo 9.3 del Real Decreto 434/1988, de 6 de mayo, sobre reestructuración de la Casa de S. M. el Rey.

VI. EL NOMBRAMIENTO DE LOS MIEMBROS DE LA CASA DE S. M. EL REY Y EL REFRENDO

En las cuestiones relativas al nombramiento de los miembros de la Casa de S. M. el Rey y el refrendo se encuentra el nudo gordiano de la necesaria independencia de acción de S. M. el Rey, establecida constitucionalmente en el artículo 65.2 CE. La facultad normativa autónoma de S. M. el Rey es esencialmente comparable con la facultad de ordenación que tienen, en el ordenamiento español, otras autoridades situadas al frente de órganos de relevancia constitucional. En el caso de S. M. el Rey sus competencias de ordenación interna deben ser vistas al trasluz de la institución jurídica del refrendo.

El artículo 55.3 CE proclama la inviolabilidad e irresponsabilidad del Rey, estableciendo a su vez, como resorte jurídico que desvía la potencial responsabilidad que los actos regios llevaren consigo, la figura del refrendo. A dicha figura quedan constitucionalmente supeditados todos los actos del Rey (dejando aparte la cuestión de los actos personalísimos) con la única excepción del nombramiento y relevo de los miembros civiles y militares de su Casa, previsto en el artículo 65.2 CE [1].

Esta autonomía encuentra prolongación en el Real Decreto 310/1979, de 13 de febrero, que dispone que cualquier modificación de la Casa de S. M. que no afecte a la Administración Pública será resuelta por el Rey libremente o por el Jefe de su Casa, en su nombre; lo mismo se dispone en el artículo 14 del Real Decreto 434/1988, de 6 de mayo, de reestructuración de la Casa de S. M. el Rey. El texto constitucional ni exige ni prohíbe el refrendo en estos casos. Este es, sin embargo, definitivamente aconsejable. Como señala TORRES DEL MORAL, nada en el Rey o en su Familia *es ajeno a los intereses del Estado... En lo tocante a la Corona, todo es de Derecho Público... por consiguiente,* concluye el autor, *hasta la administración de su Casa debería ser objeto de refrendo* [2]. Debe, en todo caso, entenderse como «sin necesidad de refrendo» el nombramiento de personas contratadas, a excepción de los funcionarios que para el desempeño de misiones especiales se adscriban a la Casa en Comisión de Servicio y al personal laboral al que será de aplicación la normativa laboral.

En efecto, los principios de irresponsabilidad e inviolabilidad del Monarca tan sólo permiten adoptar dos soluciones con respecto al problema de la responsabilidad que aquél pudiera contraer al realizar los actos que, aun teniendo cierta trascendencia política, la Constitución le

---

[1] Ver artículo 56.3, *in fine,* CE. Ver también, Mariano GARCÍA CANALES, *La Monarquía parlamentaria española,* Madrid, 1991, pp. 229-243.

[2] Antonio TORRES DEL MORAL, *Principios de Derecho..., obra citada,* vol. 2, p. 21.

atribuye como de su competencia (nos referimos al nombramiento y separación de los miembros de su Casa). No debe olvidarse que la carga de la responsabilidad se afirma como la *regla áurea* de interpretación de los preceptos constitucionales sobre la Monarquía [3]. Se exponen a continuación las dos soluciones.

a) La primera sería el extender la figura del refrendo (repito, ni exigida, ni prohibida por el texto constitucional) a las facultades previstas en el artículo 65.2 CE. Parece la más aconsejable por lo que supondría de coordinación entre el Ejecutivo y la Corona, y por la exclusión de esferas de responsabilidad política de la Institución. En esta solución se excluye cualquier participación de la propia Casa de S. M. el Rey en los asuntos que a ella le conciernen, pero sólo desde un punto de vista formal. Su Jefe no podría participar en el refrendo por un doble motivo. En primer lugar, porque según lo preceptuado en el artículo 64 CE sólo el Presidente del Gobierno, los Ministros y el Presidente del Congreso de los Diputados están habilitados para refrendar actos regios. En segundo lugar, porque sería parte interesada.

Al proponer tal solución parto de una posición totalizadora de la interpretación de lo que son los actos del Rey, posición críticada por algunos autores [4], pero que de ninguna manera supone negar la capacidad del Monarca para gobernar su propia persona física a través de actos jurídicos privados, sino la necesidad de coordinación de éstos, en aras de la estabilidad constitucional y estatal,

---

[3] Ver Antonio TORRES DEL MORAL, *La Monarquía parlamentaria..., obra citada,* p. 66.

[4] Ver Manuel FERNÁNDEZ-FONTECHA TORRES/Alfredo PÉREZ DE ARMIÑÁN Y DE LA SERNA, *La Monarquía y..., obra citada,* p. 379.

con las instancias oportunas. Como ha subrayado LUCAS VERDÚ, las relaciones de la Corona con otros órganos constitucionales —en este caso con el Gobierno— *se expresan, significativamente, mediante los preceptos correspondientes, pero sin agotar su significado* [5].

b) La única alternativa al refrendo, para asegurar la irresponsabilidad real, sería que el Monarca no fuera el autor material de los actos. Ello es posible en lo que respecta a la administración material de sus dependencias, contratación de bienes y servicios, relaciones laborales, la vida doméstica en general... Para eso está la Casa de S. M. el Rey y su Jefe (aunque, lógicamente, no sólo para eso). En ningún caso implica esta posibilidad, que no se aplicaría a los actos personalísimos del Rey, último reducto de la persona física que encarna la Corona, un límite o lesión de la esfera de libertad que el artículo 65 CE le otorga con respecto a su esfera doméstica. Detrás de cada acto realizado por el Jefe de la Casa o por los Jefes de los demás servicios que la componen, se encuentra en última instancia —ha de suponerse— la voluntad del Monarca. La propia determinación de las personas que ocupan esos puestos, así como su permanencia en los mismos, es decisión directa y personal del Rey, que goza de total libertad para ordenar el trabajo de los miembros de su Casa [6]. La actuación de ésta asegura la irresponsabilidad del Rey en su esfera doméstica.

Esta segunda posibilidad puede entrar en consideración en lo que respecta al nombramiento de los miembros

---

[5] Pablo LUCAS VERDÚ, *La Corona, elemento de la Constitución sustancial española,* en «La Corona y la Monarquía Parlamentaria en la Constitución de 1978» (Pablo LUCAS VERDÚ, editor), Madrid, 1983, p. 226.

[6] Cfr. Luis María DÍEZ-PICAZO, *El régimen jurídico..., obra citada,* p. 129.

civiles y militares de la Casa de S. M. el Rey, pero no al del Jefe de dicha Institución. Este podría efectuar el nombramiento, en nombre del Rey, de aquéllos. Pero..., ¿y su propio nombramiento? ¿Quién podría sustituir entonces al Monarca? Sería impropio que lo hiciera el Segundo Jefe y Secretario General. En lo que a esta concreta cuestión respecta, no cabe una duplicidad de soluciones. Se trata de un acto regio que no parece que sea puramente interno debido a la trascendencia de las funciones del Jefe de la Casa. Por ello, y a pesar de que la Constitución lo exime de la obligatoriedad del refrendo para evitar la *asfixia* institucional del Monarca, tampoco debe ser formalmente asumido por la Casa de S. M. el Rey.

En este caso, sería definitivamente aconsejable la utilización del refrendo del Presidente del Gobierno. De lo contrario, y al menos en un nivel formal, estaríamos ante un acto, de segura relevancia política, protagonizado directa y únicamente por el Monarca. Por supuesto que el principio de irresponsabilidad regia salvaría posibles consecuencias de orden constitucional —e incluso otras de derecho privado, administrativo o penal—, pero es del todo conveniente evitar la *pirueta* constitucional. Con el refrendo del Jefe del Ejecutivo se evitarían completamente situaciones como las descritas.

Aun concediendo que se trate de un acto de exclusiva incumbencia regia [7] —resulta, sin embargo, obvia la relevancia pública de la posición y funciones del Jefe de la Casa de S. M. el Rey, responsable del gabinete de trabajo

---

[7] ENTRENA CUESTA ha señalado como de *mero carácter doméstico* el nombramiento y separación de los miembros civiles y militares de la Casa de S. M. el Rey: Ramón ENTRENA CUESTA, *Artículo 65,* en «Comentarios a la Constitución» (editor GARRIDO FALLA), Madrid, 1985, p. 1007.

y asistencia a la más alta magistratura del Estado [8]—, la buena coordinación que imperiosamente debe existir entre el Arbitro y Moderador constitucional y el Ejecutivo hace impensable la realización de actos de inmisión en la esfera de libre albedrío y disposición de que el Rey goza en sus asuntos privados.

TORRES DEL MORAL ha señalado que la hasta ahora empleada práctica de dar forma de Real Decreto a este tipo de decisiones regias, es la única solución jurídica aceptable: aunque la Constitución no la exige, tampoco la prohíbe. Con ello se beneficia la propia juridicidad estatal [9]. Se crea, además, una norma de derecho consuetudinario de relevancia constitucional. Se trata de una costumbre *praeter legem* y no *secundum legem*, con el alcance jurídico en el sistema de fuentes que le atribuyen la Constitución y las leyes [10]. La cuestión, como todas las de rango constitucional, tiene claras connotaciones políticas.

La composición de la Casa de S. M. el Rey debe poder ser, en todos los casos, determinada por el Titular de la Co-

---

[8] Cfr. Antonio TORRES DEL MORAL, *La Monarquía parlamentaria..., obra citada,* p. 71; significativa es la referencia que este autor, en la misma obra y página, hace a la actuación del general Sabino FERNÁNDEZ CAMPO desde el Palacio de la Zarzuela en la desarticulación del golpe de Estado frustrado del 23 de febrero de 1981. FERNÁNDEZ CAMPO ejercía en aquellos momentos como Segundo Jefe y Secretario General de la Casa del Rey. Ver Luis AGUIAR DE LUQUE/Ricardo BLANCO CANALES, *Constitución Española: 1978*, tomo III, Centro de Estudios Constitucionales, Madrid, 1988, p. 358.

[9] Antonio TORRES DEL MORAL, *Principios de Derecho..., obra citada,* vol. 2, pp. 19-20. El mismo autor ya se ocupó de la existencia de actos no necesitados de refrendo en su trabajo: *La Monarquía parlamentaria..., obra citada,* p. 71, problemática hasta entonces obviada por la doctrina.

[10] Cfr. Eduardo GARCÍA DE ENTERRÍA/Tomás-Ramón FERNÁNDEZ, *Curso de Derecho Administrativo I,* Madrid, 1990, p. 67.

rona en su totalidad. Sin embargo, también es deseable la constatación por parte del Ejecutivo de que no obsta inconveniente alguno para el nombramiento de los más destacados miembros de la Casa. No debe olvidarse que esta cuestión no es en absoluto irrelevante para los intereses del Estado, sobre todo en lo concerniente a las funciones de la Casa con repercusiones externas, como las relaciones con Organismos Oficiales, relaciones exteriores, todo lo relacionado con el derecho de petición, etc. [11]. Además, en el Real Decreto 434/1988, de 6 de mayo, que reorganiza la Casa de S. M. el Rey, se define a ésta como un servicio de apoyo administrativo al Monarca. No se trata, por tanto, como ya se ha visto, de una dependencia de exclusivo carácter doméstico. En este sentido, resulta un hecho de signo positivo la obligación y la habitual práctica de regular los nombramientos y ceses de la Casa mediante la fórmula del Real Decreto, lo que implica el refrendo del Presidente del Gobierno [12].

---

[11] Cfr. Martín BASSOLS COMA, *Instituciones administrativas al..., obra citada,* pp. 169 y 172; Antonio TORRES DEL MORAL, *Principios de Derecho..., obra citada,* vol. 2, p. 42.

[12] Así, el RD 310/1979, de 13 de febrero (BOE 23 de febrero); RD 1677/1987, de 30 de diciembre (BOE 31 de diciembre); RD 434/1988, de 6 de mayo (BOE 10 de mayo); RD 1441/1988, de 2 de diciembre; Reales Decretos 67/1990, 69/1990, 70/1990, de 19 de enero (BOE 22 de enero); RD 657/1990, de 25 de mayo (BOE 26 de mayo); Reales Decretos 1491/1990, 1492/1990, de 16 de noviembre (BOE 23 de noviembre); RD 253/1991, de 27 de febrero; RD 3/1993, de 8 de enero; RD 4/1993, de 8 de enero; RD 133/1993, de 29 de enero; RD 134/1993, de 29 de enero; RD 473/1993, de 2 de abril; RD 474/1993, de 2 de abril; RD 1441/1988, de 2 de diciembre; RD 1986/1993, de 5 de noviembre; RD 650/1996, de 18 de abril; RD 651/1996, de 18 de abril; RD 652/1996, de 18 de abril; RD 653/1996, de 18 de abril; RD 654/1996, de 18 de abril; RD 655/1996, de 18 de abril.

A pesar de las críticas doctrinales que ha recibido la utilización de esta fórmula [13], se trata de un instrumento oportuno y deseable que reviste una virtualidad fundamental: la coordinación con el Ejecutivo, y el refrendo, no obligatorio pero sí aconsejable, del Presidente del Gobierno en una materia tan significativa como es la ordenación o reestructuración, así como el nombramiento o separación de los miembros de la Casa del Jefe del Estado. No se trataría, en consecuencia, ni de una *vejación* a la Corona, ni de un *olvido* de su dignidad, ni de una *inmiscusión* en sus asuntos, sino de la puesta en práctica de un instrumento jurídico que permite la coordinación de voluntades de ambos órganos constitucionales, el Ejecutivo y la Corona, con importantes beneficios para la juridicidad estatal, que fundamentalmente consisten en el aseguramiento de la irresponsabilidad regia por actos que son propios, y en el carácter normativo que se imprime a ciertas decisiones del Rey con efectos *ad extra* (también, lógicamente, con directas repercusiones internas en la Casa de S. M. el Rey). Dicha coordinación, fomentada con la utilización del Real Decreto, es presupuesto y requisito del normal funcionamiento y de la propia existencia del Estado, tal y como lo concibe y delimita la Constitución española. Se trata de un mecanismo técnico puesto a disposición por el propio sistema constitucional que no debe ser desaprovechado.

---

[13] Ver Carmen FERNÁNDEZ-MIRANDA CAMPOAMOR, *La dotación de..., obra citada,* pp. 147-148; Luis María DÍEZ-PICAZO, *El régimen jurídico..., obra citada,* pp. 119-121.

VII. SERVICIOS ADMINISTRATIVOS DE APOYO A LA JEFATURA DEL ESTADO EN ALEMANIA, ITALIA, FRANCIA, AUSTRIA Y BELGICA

1. INTRODUCCIÓN

En la práctica totalidad de las Jefaturas de Estado de los sistemas republicanos, con independencia de que se trate de repúblicas presidencialistas o parlamentarias, existen órganos de apoyo y asesoramiento administrativo al Jefe del Estado. La explicación no puede ser otra, como ya se ha apuntado en el apartado dedicado en este estudio a la justificación funcional de la Casa de S. M. el Rey, que la de facilitar el cumplimiento de sus funciones constitucionales (mediante labores de asesoramiento e información) y posibilitar su independencia respecto del resto de los órganos del Estado (gracias a su autonomía funcional y administrativa).

En este sentido, todas ellas son instituciones análogas a las existentes en las Monarquías Parlamentarias. Es más, hunden su raíz histórica en la propia evolución de las Monarquías. De hecho, en los primeros momentos los mencionados órganos conservan incluso la antigua denominación de Casa [1].

En general puede decirse que tras la Segunda Guerra Mundial los sistemas republicanos abandonan la antigua terminología al constituir los Secretariados Generales.

La importancia y significación de estos organismos está, en cada caso, en directa proporción con la propia situación institucional del Jefe del Estado. Como es lógico, es mayor en los regímenes presidencialistas, donde la posición del Jefe del Estado y del Ejecutivo tiene una gran relevancia. Así, el *Executive Office of the President* de los Estados Unidos, no es del todo equiparable a la Casa de S. M. el Rey española, al *Bundespräsidialamt* o a los Secretariados Generales, al ser un órgano con un gran protagonismo político en su sistema [2].

Lógicamente, la propia relevancia institucional de los órganos de apoyo y asesoramiento al Jefe del Estado en los regímenes republicanos parlamentarios es distinta en aquéllos en los que el Jefe del Estado sólo está investido de funciones simbólicas y representativas (República Federal de Alemania o Italia), y en los que, además, tienen relevantes poderes propios (Francia) [3]. Veámoslo.

---

[1] Ver Biancamaria ALLARA, *La struttura della Presidenza della Repubblica,* Milán, 1974, pp. 5 ss.

[2] Cfr. Martín BASSOLS COMA, *Instituciones administrativas al..., obra citada,* p. 169; H. B. LEARNED, *The President's Gabinet,* New Haven, 1912; H. J. LASKI, *The American Presidency,* Londres, 1940.

[3] Cfr. Martín BASSOLS COMA, *Instituciones administrativas al..., obra citada,* p. 169.

2. El *Bundespräsidialamt* alemán

a) *Concepto*

El *Bundespräsidialamt* es el organismo federal que desarrolla una tarea administrativa y de asesorarniento al servicio del Presidente de la República Federal de Alemania, facilitando, así, el adecuado cumplimiento de las competencias constitucionalmente a éste asignadas [4].

Aun cuando sus competencias difieran en algunos puntos concretos, se trata, en definitiva, de un aparato burocrático al servicio de la Jefatura del Estado similar a la Casa de S. M. el Rey española [5]. La principal diferencia estriba, sin duda, en la misión política fundamental que, entre otras, tiene el Organo de Administración del Presidente Federal, que no encuentra directa correspondencia en la Casa de S. M. el Rey.

b) *Naturaleza jurídica*

La de la naturaleza jurídica del *Bundespräsidialamt* no es cuestión pacífica en la doctrina alemana. Mientras que, para algunos autores, como SCHLAICH o SPATH, posee naturaleza de *oberste Bundesbehörde* [6] (autoridad federal

---

[4] Cfr. Klaus SCHLAICH, *Der Status des Bundespräsidenten,* en «Handbuch des Staatsrechts» (Josef ISENSEE/Paul KIRCHHOF editores), vol. II, Heidelberg, 1987, p. 534; Gerhard HUWAR, *Der Erlaß von Rechts und Verwaltungsverordnungen durch den Bundespräsidenten,* Berlín, 1967, p. 65; Franz SPATH, *Das Bundespräsidialamt,* Düsseldorf, 1990, p. 39; T. MAUNZ y R. ZIPPELIUS, *Deutsches Staatsrecht,* Munich, 1985, 26.ª ed., pp. 393-394; E. STEIN, *Staatsrecht,* Tübingen, 1984, pp. 34 ss.

[5] Cfr. Javier CREMADES, *Los fundamentos históricos..., obra citada,* p. 152.

[6] Cfr. Klaus SCHLAICH, *Der Status des..., obra citada,* p. 534; Franz SPATH, *Das Bundespräsidialamt, obra citada,* pp. 40-41.

suprema), otros, como HUWAR o KÖTTGEN, en representación de la doctrina mayoritaria, lo consideran como parte de un órgano [7], que tan sólo reviste el carácter de *oberste Bundesbehörde* en unión con el Presidente Federal. La calificación de dicho organismo como autoridad federal suprema tendría consecuencias de orden constitucional. Así, como parte de un órgano, el *Bundespräsidialamt* no tiene poderes, competencias o atribuciones propias de tipo alguno. Estas recaen en su totalidad en el Presidente Federal, que tampoco puede concedérselas en ningún caso [8]. Una autoridad pública, cuando está integrada por diversos órganos, tan sólo puede representar al Estado si actúa en su conjunto, como unidad [9].

Al igual que la Casa de S. M. el Rey, el *Bundespräsidialamt,* en cuanto aparato de administración y asesoramiento al servicio del Jefe del Estado, encuentra su principal fundamento en la necesidad de garantizar la independencia y el adecuado cumplimiento de las funciones del más alto de los órganos estatales (en el caso de la Casa de S. M. el Rey se pretende, además, asegurar la irresponsabilidad regia) [10]. Se trata, pues, de una justificación de orden funcional.

---

[7] Cfr. Gerhard HUWAR, *Der Erlaß von..., obra citada,* p. 65; Hans J. WOLFF, *Verwaltungsrecht II (Organisations- und Dienstrecht). Ein Studienbuch,* Munich, 1962, pp. 36, 37, 72, 118; Arnold KÖTTGEN, *Bundesregierung und Oberste Bundesbehörde,* en «DÖV», 1954, pp. 4 ss.

[8] Ver Gerhard HUWAR, *Der Erlaß von..., obra citada,* p. 65.

[9] Cfr. Gerhard HUWAR, *Der Erlaß von..., obra citada,* p. 65; Hans J. WOLFF, *Verwaltungsrecht II.., obra citada,* p. 11; Ernst RASCH, *Die Behörde,* en «VerwArch», núm. 50, 1959, pp. 1 ss.

[10] Javier CREMADES, *Los fundamentos históricos..., obra citada,* p. 153.

c) *Evolución histórica*

Ya en el Imperio alemán de finales del pasado siglo, así como en la República de Weimar, se encuentran instituciones dedicadas al asesoramiento y apoyo, técnico y burocrático, al Jefe del Estado [11]. Se trata de los antecedentes históricos directos del *Bundespräsidialamt.* Aunque en la Constitución del Imperio Alemán de 16 de abril de 1871 no se había previsto la creación de una institución de esta naturaleza, el Gabinete Civil que ya había servido al Rey de Prusia se ocupó de las tareas de asesoramiento y asistencia al Emperador. Dicha tarea, tan significativa durante la Monarquía, fue cuestionada por numerosos políticos y autores que veían en ella un ataque al principio de responsabilidad del Canciller, entre cuyas competencias se encontraba precisamente la de asesoramiento al Emperador [12]. Sin embargo, el propio Canciller BISMARCK manifestó personalmente la inexistencia de recelos o desconfianzas por su parte frente al Gabinete de origen monárquico [13]. Su postura personal permitió, no sólo la persistencia del Gabinete Civil [14], sino la creación de un Gabinete Militar y un Gabinete de la Marina, en 1889. Los jefes de ambos Gabinetes ostentaron el rango de *General ayudante*

---

[11] Ver Franz SPATH, *Das Bundespräsidialamt, obra citada,* p. 13.

[12] Cfr. Ernst Rudolf HUBER, *Deutsche Verfassungsgeschichte,* vol. 3, Stuttgart, 1963, p. 816; Franz SPATH, *Das Bundespräsidialamt, obra citada,* pp. 15-16.

[13] Otto VON BISMARCK, *Die gesammelten Werke,* vol. 11, segunda edición, Berlín, 1926, pp. 551-552.

[14] Los sucesivos Jefes de dicho Gabinete, a lo largo de su existencia, fueron: Karl VON WILMOWSKI (1870-1888), Hermann VON LUCANUS (1888-1908), Rudolf VON VALENTINI (1908-1918), Friedrich VON BERG (enero-octubre 1918), Clemens VON DELBRÜCK (octubre-noviembre 1918). Todos ellos pertenecían a la nobleza alemana.

(Generaladjudant) [15]. De especial relevancia es el origen monárquico del Gabinete Militar que encontraba su precedente en la *Sección para asuntos personales (Abteilung für die persönlichen Angelegenheiten)* del Ministerio de la Guerra prusiano [16]. Su director ostentaba derecho de audiencia real. Recibía encargos del Monarca que podía solucionar sin la intervención e incluso el conocimiento del Ministro de la Guerra. De este modo, se desarrolló una doble función de la *Sección:* la primera, como organismo integrado en el Ministerio de la Guerra, y, la segunda, como asesoría real en asuntos militares [17].

Durante la República de Weimar, el Presidente de la República, concebido como contrapoder frente al Parlamento y no sólo como órgano representativo [18], contó con el asesoramiento y apoyo de la *Oficina del Presidente del Imperio (Das Büro des Reichspräsidenten).* A pesar de las vastas competencias constitucionales del Presidente, su *Oficina* resultó ser relativamente pequeña durante todo el período de la República de Weimar, probablemente

---

[15] Franz SPATH, *Das Bundespräsidialamt, obra citada,* p. 17.

[16] Cfr. Bernhard W. KRACK, *Staatsoberhaupt und Streitkräfte,* Würzburg, 1990, pp. 2 ss.

[17] Ver Franz SPATH, *Das Bundespräsidialamt, obra citada,* p. 17.

[18] Así, por ejemplo, según el artículo 48.2 de la Constitución de Weimar, el Presidente podía suspender determinados derechos fundamentales sin la intervención del legislativo. Es del mismo modo significativo que el Presidente, elegido directamente por el pueblo alemán para un mandato de 7 años, tan sólo podía ser destituido en virtud de un referéndum nacional, cuya convocatoria debía ser aprobada por una mayoría de dos tercios de los miembros del Parlamento *(Reichstag).* Si el pueblo no aprobaba la destitución, el mandato del Presidente se prolongaba automáticamente durante otros siete años y el Parlamento debía ser disuelto. Cfr. Hans-Joachim WINCKLER, *Der Bundespräsident- Repräsentant oder Politiker?,* Opladen, 1967, pp. 10-13; T. MAUNZ y R. ZIPPELIUS, *Deutsches Staatsrecht, obra citada,* pp. 392-393.

por influencia de su primer Presidente, Friedrich EBERT, poco amigo de grandes burocracias [19].

Con la llegada, el 30 de enero de 1933, de Adolf HITLER a la Cancillería del Imperio, la relevancia del Presidente perdió aceleradamente influencia y significado. La llamada *Ley de Plenos Poderes (Ermächtigungsgesetz)* creó un nuevo legislador: el Gobierno Imperial, que incluso podia realizar modificaciones constitucionales [20]. La mencionada ley no autorizaba a efectuar recorte alguno en las competencias del Presidente. A pesar de ello, el nazismo, centrado en la personalidad de HITLER, fue apartando, por vía de hecho, al Presidente (VON HINDENBURG) de las competencias que constitucionalmente le correspondían. La situación se prolongó hasta el 1 de agosto de 1934, fecha en la que, tras la muerte de Paul VON HINDENBURG, se promulgó la unificación de las figuras de Presidente y Canciller del Imperio en la persona de Adolf HITLER, que desde ese momento asumió la denominación de *Führer* y *Reichskanzler* (Canciller del Imperio) [21]. La Oficina del

---

[19] Cfr. Javier CREMADES, *Los fundamentos históricos..., obra citada,* p. 157.

[20] Artículo 1 de la Ley de Plenos Poderes de 23 de marzo de 1933: Las leyes del Imperio pueden ser aprobadas... también por el Gobierno Imperial *(Reichsgesetze können ... auch durch die Reichsregierung beschlossen werden).* Artículo 2 de la misma ley: Las leyes aprobadas por el Gobierno Imperial pueden disentir de lo previsto en la Constitución del Imperio *(Die von der Reichsregierung beschlossenen Reichsgesetze können von der Reichsverfassung abweichen).* En el artículo 4 se otorgaba la facultad al gobierno de firmar tratados internacionales con otros Estados sin necesidad de aprobación o refrendo del *Reichstag* o Parlamento Imperial. Aunque el período de validez de dicha ley se limitaba inicialmente hasta la fecha del 1 de abril de 1937 (art. 5), finalmente continuó en vigor hasta el final del Tercer Reich. Cfr. Heinz Dieter SCHMID, *Fragen an die Geschichte,* Frankfurt a. M., 1983, p. 44.

[21] Cfr. Heinz Dieter SCHMID, *Fragen an die..., obra citada,* p. 282.

Presidente se transformó en la Cancillería Presidencial que, con respecto a su predecesor, perdió relevancia política al negársele capacidad de asesoramiento al *Führer.* Sus funciones quedaron limitadas a las de protocolo, concesión de títulos, honores y condecoraciones, formalidades del ejercicio del derecho de gracia, etcétera [22].

El precedente inmediato del actual *Bundespräsidialamt* [23] se encuentra en una Cumbre de Ministros-Presidentes de los diferentes *Länder* de la RFA, celebrada el 25 de agosto de 1949, en la que se propuso su creación [24].

d) *Competencias*

El *Bundespräsidialamt* es un organismo federal que no se encuentra supeditado a ninguna otra instancia administrativa [25]. Tan sólo el Presidente Federal está facultado para delimitar sus líneas y principios fundamentales de actuación [26]. Las competencias del *Bundespräsidialamt* se

---

22 Cfr. Franz SPATH, *Das Bundespräsidialamt, obra citada,* pp. 18-25.

23 En el año 1989 el *Bundespräsidialamt* contaba con 121 empleados, de los cuales 43 eran funcionarios, 52 dedicados a tareas administrativas y 26 trabajadores manuales. Seis de ellos trabajan para personas que ocuparon la Presidencia Federal. En la actualidad el *Bundespräsidialamt* dispone de dos oficinas al servicio de los expresidentes SCHEEL y VON WEIZECKER: además del personal (asesor personal, secretaria y chófer), diversas oficinas y un coche oficial se encuentran a su disposición para cumplir con los compromisos y tareas representativas que, como expresidentes, a cada uno de ellos corresponde. De esta forma trata de compensarse la falta de continuidad que en materias de representación pudiera observarse en un sistema republicano como el alemán, que constitucionalmente determina una necesaria alternancia en la Presidencia Federal.

24 Ver Franz SPATH, *Das Bundespräsidialamt, obra citada,* p. 42.

25 Ver Franz SPATH, *Das Bundespräsidialamt, obra citada,* p. 39.

26 Cfr. Klaus SCHLAICH, *Der Status des..., obra citada,* p. 535.

estructuran en función de las propias del Presidente Federal [27] y son [28] las siguientes:

a) Asesoramiento del Presidente Federal en aquellas cuestiones relacionadas con sus funciones constitucionales.

b) Mantener informado al Presidente Federal sobre asuntos, tanto de dimensión interna como internacional, de orden político, económico, social y cultural.

c) Preparar las decisiones del Presidente Federal.

d) Ejecutar o disponer la ejecución de los encargos realizados por el Presidente Federal.

e) *Análisis comparado*

a') Diferencias

La primera de las diferencias estriba en la constitucionalización expresa de la Casa de S. M. el Rey española. El texto constitucional español se refiere de modo expreso a la Casa de S. M. el Rey en el artículo 65. Por el contrario, ninguno de los 8 artículos que la Ley Fundamental de Bonn dedica a regular la figura del Presidente Federal (son los arts. 54 a 61 que componen el Título VI) hace alusión, directa o indirecta, al *Bundespräsidialamt.*

La segunda diferencia evidente radica en el fundamento de su existencia. La Casa de S. M. el Rey es la institución de apoyo administrativo al Jefe del Estado, pero de una Monarquía Parlamentaria. Así, su existencia se justifica

---

27 Ver artículos 59, 60 y 61 de la Ley Fundamental de Bonn de 1949.

28 Ver Franz SPATH, *Das Bundespräsidialamt, obra citada,* pp. 39-40.

por un triple motivo. El primero de ellos es el de asegurar la irresponsabilidad e inviolabilidad del Monarca. El segundo es el de garantizar la independencia y el adecuado cumplimiento de sus funciones constitucionales. El tercero es el de asistencia personal y familiar de orden doméstico al Rey, así como administrar la Dotación de la Corona. No puede encontrarse un paralelismo, en este sentido, con el *Bundespräsidialamt,* cuya finalidad básica coincide con la segunda de la Casa del Rey y sólo parcialmente con la tercera. No existe, pues, una común fundamentación. En este sentido, ambas instituciones tan sólo son homologables en cuanto representan, de igual forma, el aparato burocrático al servicio de la Jefatura del Estado para el cumplimiento de sus funciones constitucionales [29].

La naturaleza de las funciones de una y otra institución es la tercera de las diferencias. Los servicios de la Casa del Rey se prestan a una catalogación dual: servicios internos o cuasidomésticos (administración de la Dotación y su distribución, ordenación de los servicios internos, protocolo, seguridad e intendencia) y servicios con repercusiones externas (relaciones con el Ejecutivo, el Legislativo y el Judicial, con las Fuerzas Armadas, con particulares...) [30]. Por contra, las funciones del *Bundespräsidialamt* alemán, proporcionar asesoramiento e información al Presidente Federal, así como cuidar la preparación de los actos oficiales [31], tan sólo pueden ser calificadas como de natu-

---

[29] Javier CREMADES, *Los fundamentos históricos ..., obra citada,* pp. 162-163.

[30] Cfr. Martín BASSOLS COMA, *Instituciones administrativas al..., obra citada,* p. 172.

[31] Cfr. Klaus SCHLAICH, *Der Status des..., obra citada,* p. 535. Entre ellos las visitas de Estado: ver al respecto Dietmar SEIDEL, *Der Bundespräsident als Träger der auswärtigen Gewalt,* Berlín, 1972, p. 76.

raleza externa y política. Ello es, sin duda, debido a una de las diferencias sustanciales entre los sistemas monárquico y republicano. En el primero, como se ha visto, *el Rey es Rey trescientos sesenta y cinco días al año y veinticuatro horas diarias* [32], y sus actos, aun aquellos que se circunscriben a su esfera privada y familiar, gozan de trascendencia pública, jurídica y política, debido a la vinculación vitalicia y familiar del Titular de la Corona con la Jefatura del Estado [33]. En definitiva, aun cuando sea ciertamente posible distinguir entre el Rey como titular de la Corona y como persona de carácter privado [34], no es tarea sencilla separar conceptualmente la esfera pública y privada del Monarca. Sí podría hacerse, en todo caso, entre sus actos constitucionales y sus demás actos jurídicos [35]. Sin embargo, los actos de un Presidente republicano, como el diseñado por la Ley Fundamental de Bonn, son jurídicamente deslindables, excepto cuando actúa en el ejercicio de sus competencias constitucionales, de los de la persona física que ostenta dicho órgano.

El respectivo estatuto del Jefe de ambas instituciones es la última diferencia que se destaca. El Jefe del *Bundes-*

---

32 Antonio TORRES DEL MORAL, *Principios de Derecho..., obra citada,* vol, 2, p. 21.

33 Ver Manuel FERNÁNDEZ-FONTECHA TORRES/Alfredo PÉREZ DE ARMIÑÁN Y DE LA SERNA, *La Monarquía y..., obra citada,* p. 380.

34 Ver Antonio TORRES DEL MORAL, *La Monarquía parlamentaria..., obra citada,* p. 56.

35 Ver Luis María DÍEZ-PICAZO, *El régimen jurídico..., obra citada,* p. 126. Cfr. Javier CREMADES, *La función arbitral de la Monarquía,* en «Annals of the Archive of F. V. i Taberner's Library: Studies in the History of Political Thought, Political and Moral Philosophy, Business and Medical Ethics, Public Health and Juridical Literature», núms. 11/12, 1991, pp. 741 ss.

präsidialamt ostenta el rango de Secretario de Estado [36], El Jefe de la Casa del Rey es considerado por el Real Decreto 6/1976, de 13 de febrero —art 2.3—, como *personal de alta dirección,* y tiene rango de Ministro.

Por otro lado, el artículo 23, párrafo primero, del Reglamento del Gobierno Federal *(Geschäftsordnung der Bundesregierung)* atribuye al Jefe del *Bundespräsidialamt* el derecho de participación en las sesiones del Consejo de Ministros (aunque el precepto exige la autorización previa del Presidente Federal, se trata de un derecho autónomo [37]). Esto supone, en última instancia, una vía de comunicación entre el Presidente Federal y el Consejo de Ministros, la posibilidad de aquél de poner sus criterios en conocimiento del Ejecutivo [38], ya que el Jefe del organismo al que nos venimos refiriendo no actúa, en este sentido, como director de un órgano independiente sino como representante del Presidente Federal, esto es, en calidad de Jefe de su *Oficina* [39]. En el ordenamiento jurídico español, el Jefe de la Casa del Rey, competente para establecer relaciones externas y cubrir la responsabilidad del Rey en los asuntos propios de dicha institución [40],

---

[36] Ver Gerhard HUWAR, *Der Erlaß von..., obra citada,* p. 65; Klaus SCHLAICH, *Der Status des..., obra citada,* p. 534; Franz SPATH, *Das Bundespräsidialamt, obra citada,* p. 39; Martín BASSOLS COMA, *Instituciones administrativas al…, obra citada,* p. 169.

[37] Ver Franz SPATH, *Das Bundespräsidialamt, obra citada,* pp. 39-44.

[38] Cfr. Klaus SCHLAICH, *Der Status des..., obra citada,* p. 535.

[39] Cfr. las opiniones contrarias al respecto de Gerhard HUWAR, *Der Erlaß von..., obra citada,* p. 65 (a favor de la tésis en el presente estudio defendida), y Hans J. WOLFF, *Verwaltungsrecht II…, obra citada,* p. 37, quien opina que el Jefe del *Bundespräsidialamt,* en tanto que parte de un órgano constitucional, posee competencias propias que podría ejecutar de manera autónoma, esto es, sin contar con la aprobación del Presidente Federal.

[40] Ver Luis María DÍEZ-PICAZO, *El régimen jurídico..., obra citada,* pp. 128-129.

no goza de prerrogativa legal alguna en ese sentido. La Constitución española ha dibujado, con buen criterio, un sistema en el que las relaciones entre los órganos constitucionales Gobierno y Jefatura del Estado, se desarrollan, aun a nivel institucional, sobre una base personal: el encuentro y la comunicación entre las dos personas que ostentan su titularidad. La Constitución española ha previsto que el Monarca mismo, cuando lo estime oportuno y a petición del Presidente del Gobierno (de nuevo se exige una consonancia de voluntades), presida, a los efectos de ser informado de los asuntos de Estado, las sesiones del Consejo de Ministros [41]. Por tanto, mientras el *Bundespräsidialamt* tiene una constante y de gran relevancia función política que cumplir, la Casa de S. M. el Rey suele ceder todo el protagonismo de las relaciones instituciones propias de la Jefatura del Estado, a su Titular.

b') Características comunes

Como ha podido observarse, ambas instituciones —Casa de S. M. el Rey y *Bundespräsidialamt*— encuentran un origen histórico remoto común en las Casas Reales de las Monarquías medievales. Es necesario, sin embargo, señalar la duplicidad de instituciones que de dicho origen deriva. De un lado, la Casa de S. M. el Rey española expresa de forma directa la evolución, la propia trayectoria jurídico-política de la Monarquía [42], que queda finalmente configurada como resultado de la interacción de tres factores: la propia tradición histórica española, el proceso de transición y constituyente experimentado en

[41] Artículo 62.*g)* CE. Cfr. Antonio TORRES DEL MORAL, *Principios de Derecho..., obra citada,* vol. 2, pp. 33-34.

[42] Cfr. Luis LÓPEZ GUERRA, *Artículo 65, obra citada,* p. 362.

España entre 1975 y 1978, y los modelos monárquicos de las democracias europeas contemporáneas [43]. El *Bundespräsidialamt* supone la versión republicana, con los fundamentos mencionados, de los organismos de asesoría al Jefe del Estado en las Monarquías. Dicha adaptación es fruto, con independencia de los antecedentes remotos, de una historia imperial y republicana del transcurso de más de cien años [44].

Ambas son organizaciones estatales que, si bien tienen un claro carácter administrativo, no están sujetas a las directrices políticas que la Administración recibe del Gobierno, pues, ni son, ni pertenecen a ninguna Administración Pública [45]. Serían, en este sentido, equiparables a los órganos de Administración del Congreso de los Diputados, del Senado o del Tribunal Constitucional, así como de los de sus homólogos alemanes *(Deutscher Bundestag, Bundesrat* y *Bundesverfassunsgericht,* respectivamente). Esta independencia se fundamenta en la propia del órgano al que prestan sus servicios: la Jefatura del Estado, que no debe estar supeditada a ninguno de los tres poderes estatales.

La evolución histórica y los propios fundamentos dogmático-funcionales de las instituciones objeto de este análisis, son el motivo de que éstas sean del todo dependientes, en cuanto a su línea de actuación y funcionamiento, del órgano constitucional al que prestan sus servicios: el Jefe del Estado. La autonomía y capacidad real de disposición de éste en lo que a la composición y funcionamiento de dicho organismo respecta es casi plena. Sin embargo,

---

[43] Cfr. Antonio TORRES DEL MORAL, *La Monarquía parlamentaria..., obra citada,* p. 49.

[44] Javier CREMADES, *Los fundamentos históricos..., obra citada,* p. 165.

[45] Cfr. Franz SPATH, *Das Bundespräsidialamt, obra citada,* p. 40; Luis María DÍEZ-PICAZO, *El régimen jurídico..., obra citada,* pp. 115-116, p. 135; Carmen FERNÁNDEZ-MIRANDA CAMPOAMOR, *La dotación de..., obra citada,* p. 135.

tal vez por el carácter cuasidoméstico o interno de una buena parte de las funciones de la Casa de S. M. el Rey, puede observarse un mayor grado de dependencia, si cabe, de este organismo público respecto del Monarca que el del *Bundespräsidialamt* respecto del Presidente Federal [46].

La propia Constitución española, en su artículo 65.2, establece la prerrogativa regia de nombrar y separar los miembros civiles y militares de su casa. No existe semejante disposición, como se ha visto, en la Ley Fundamental alemana. El *Bundespräsidialamt* es una institución, desde el punto de vista del Derecho Administrativo, independiente del Presidente Federal, lo que se manifiesta en el nombramiento de los funcionarios que componen dicha institución [47]. Este carácter de independencia no obsta para que, como se ha afirmado antes, el *Bundespräsidialamt* tan sólo sea considerado como parte de un órgano constitucional y que todas las competencias de la institución estén sujetas a la voluntad del Presidente Federal [48]. Esto significa que, en la práctica, dicha independencia administrativa carece de significado político [49]. Existe, además, un motivo de orden personal: el carácter vitalicio que la Jefatura de Estado tiene en las Monarquías constitucionales fomenta una identificación de la Casa del Rey con la propia persona del Monarca. Por el contrario, los funcionarios del *Bundespräsidialamt* deben servir cada 10 años,

---

[46] Javier CREMADES, *Los fundamentos históricos..., obra citada,* p. 166.

[47] Cfr. Rainer WAHL, *Stellvertretung im Verfassungsrecht,* 1971, p. 47; Franz SPATH, *Das Bundespräsidialamt, obra citada,* p. 41; Klaus SCHLAICH, *Der Status des..., obra citada,* p. 535.

[48] Ver Gerhard HUWAR, *Der Erlaß von..., obra citada,* p. 65. Un ejemplo lo encontramos en la concesión de honores y distinciones. El *Bundespräsidialamt* examina las propuestas recibidas, pero es el Presidente quien finalmente decide: ver Hansjörg BIEHL, *Die Gegenzeichnung im parlamentarischen Regierungssystem der Bundesrepublik Deutschland,* Berlín, 1971, p. 64.

[49] Franz SPATH, *Das Bundespräsidialamt, obra citada,* p. 43.

como máximo, a una persona diferente (el art. 54, párrafo segundo, de la LF establece un mandato de 5 años para el Presidente Federal, que únicamente podrá ser reelegido en una sola ocasión), con el consiguiente cambio de estilos, gustos, modos, en definitiva, de cumplir las obligaciones constitucionales a las que se debe.

Es cierto que la institución monárquica se ha adaptado a instituciones jurídicas más bien propias de un diseño constitucional republicano clásico. No lo es, sin embargo, menos que la Jefatura del Estado de la República Federal de Alemania tiene a su servicio en el *Bundespräsidialamt* una institución que, con las transformaciones técnicas y funcionales detalladas en las páginas anteriores, encuentra sus raíces, pudiéndose hablar de una identificación histórica, en una de las tradicionales instituciones monárquicas: la Casa del Rey [50]. ¿Por qué extrañarse de tales coincidencias? En la figura del Rey, en cuanto Jefe del Estado, no se observan profundas diferencias con respecto a la posición constitucional del Presidente republicano —en los sistemas, como el alemán, no presidencialistas— [51].

3. Breve referencia a los órganos de apoyo a la Jefatura del Estado en Italia, Francia, Austria y Bélgica

a) *El Segretariato generale della Presidenza della Reppubblica italiana*

El *Segretariato generale della Presidenza della Reppubblica* fue creado por la Ley de 9 de agosto de 1948 [52].

---

[50] Javier CREMADES, *Los fundamentos históricos..., obra citada,* p. 167.

[51] Cfr. Manuel ARAGÓN REYES, *Dos estudios sobre la Monarquía parlamentaria en la Constitución española,* Madrid, 1990, pp. 48-49.

[52] Ver N. OCCHIOCUPO, *Il Segretario generale della Presidenza della Repubblica,* Milán, 1973.

El Secretariado comprende todos los órganos y servicios necesarios para el apoyo a las funciones del Presidente de la República y para la administración de la llamada *dotazione,* una suma puesta por el Estado para el sufragio de las necesidades económicas de la Presidencia de la República [53]. Asimismo, asegura la irresponsabilidad del presidente [54].

En cuanto a su naturaleza jurídica, la doctrina mayoritaria italiana sostiene que el Secretariado es al mismo tiempo un órgano del Estado con legitimación propia, y un órgano del órgano Presidente de la República [55].

Al frente del Secretariado se encuentra el *Segretario generale,* cuya nominación y revocación se efectúa por decreto del Presidente de la República, refrendado por el Presidente del Consejo de Ministros, una vez oído el Consejo de Ministros [56].

El Secretariado disfruta de autonomía patrimonial, administrativa y contable. Se trata de una autonomía muy amplia, superior incluso a la del resto de los órganos constitucionales [57].

---

[53] Cfr. MESCHINI, *Profili costituz. e ammin. della dotazione della Presidenza della Repubblica,* Milán, 1974; Biancamaria ALLARA, *La struttura della..., obra citada,* pp. 19 ss.

[54] Cfr. Biancamaria ALLARA, *La struttura della..., obra citada,* p. 127.

[55] Ver N. OCCHIOCUPO, *Il Segretario generale..., obra citada,* p. 351; Biancamaria ALLARA, *La struttura della..., obra citada,* pp. 133-134.

[56] Ver BISCARETTI DI RUFFIA, *Diritto Costituzionale,* Nápoles, 1980, p. 433.

[57] Cfr. S. BUSCEMA, *Autonomia contabile degli organi costituzionali,* Padova, 1958, pp. 102, 122; Biancamaria ALLARA, *La struttura della..., obra citada,* p. 40; BISCARETTI DI RUFFIA, *Diritto Costituzionale, obra citada,* p. 433.

El Secretario sólo es responsable ante el Presidente de la República, y ante ningún otro órgano constitucional [58].

El Secretariado está estructurado en distintos departamentos o secretarías *(Uffici),* entre los que destacan por su importancia, el de asuntos militares —bajo la dirección de un oficial general con la consideración de «Consejero Militar»—, el de asuntos exteriores —dirigida por un diplomático de carrera, con la consideración de «Consejero diplomático»—, el de relaciones con el parlamento, el de asuntos económicos y financieros, el de relaciones con los medios de comunicación y la Secretaría particular [59].

b) *El Elíseo francés*

El Presidente de la República francesa ha dispuesto tradicionalmente de servicios permanentes en apoyo de sus funciones constitucionales [60].

La denominación de tal órgano en la III República francesa fue de Casa Civil y Militar del Presidente de la República *(Maisons civile et militaire du Président de la République).* Durante la IV República, en 1947, Auriol había sustituido dicha denominación por la de Gabinete Civil y Militar. En virtud de decisión tomada el 18 de enero de 1954 en la que nombraba solamente 12 miembros

---

[58] Cfr. Paolo BARILE, *Istituzioni di Diritto Pubblico,* Padova, 1987, pp. 187-188.

[59] Ver BISCARETTI DI RUFFIA, *Dirito Costituzionale, obra citada,* p. 433. AA.VV., *Enciclopedia del Diritto,* Milán, 1989, pp. 987 ss.; Biancamaria ALLARA, *La struttura della..., obra citada,* pp. 55-113.

[60] Ver Charles DEBBASCH, *Institutions et droit administratifs,* París, 1976, p. 136.

del organismo de apoyo al ejercicio de sus funciones, René Coty volvió a utilizar la anterior denominación [61].

A partir de 1958, las nuevas competencias constitucionales exigieron nuevos servicios de apoyo al Presidente. Desde entonces, su entorno de colaboradores es elegido *intuitu personae* [62]. Así, en 1959, el Presidente DE GAULLE nombró a 31 miembros de la Casa para ejercer las distintas funciones de los servicios presidenciales: secretariado general, gabinete, secretariado general de la comunidad, y estado mayor particular [63].

En la actualidad el personal laboral del Elíseo asciende a unos quinientos trabajadores [64]. Dispone, además, de numerosos medios materiales para el cumplimiento de sus cometidos [65].

Al igual que sucede con el *Präsidentschaftskanzlei* austríaco, no existe texto legal o norma alguna que regule la estructura o funcionamiento del Elíseo. Su organización y atribuciones han ido perfilándose por la vía práctica y funcional, a tenor de las distintas decisiones de los Presidentes.

---

61 Ver Martín BASSOLS COMA, *Instituciones administrativas al..., obra citada,* pp. 168-169; Jean MASSOT, *La Présidence de la République en France. Vingt ans d'élection au suffrage universel, 1965-1985,* París, 1986, pp. 50-52.

62 Ver Charles DEBBASCH, *Institutions et droit..., obra citada,* p. 136.

63 Cfr. Charles DEBBASCH, *Institutions et droit..., obra citada,* p. 137.

64 Cfr. Jean MASSOT, *Chef de l'Etat et chef du Gouvernement. Dyarchie et hiérarchie,* París, 1993, p. 143; Jean MASSOT, *La Présidence de..., obra citada,* pp. 64-66.

65 Ver Jean MASSOT, *La Présidence de..., obra citada,* pp. 56-64; Jean MASSOT, *Chef de l'Etat..., obra citada,* París, 1993, pp. 143-159.

El elemento esencial de la estructura del Elíseo es el Secretariado General, en el que se integran, bajo la autoridad del Presidente de la República y de un Secretario General, los colaboradores especializados a cargo de supervisar la acción de los distintos ministerios [66].

En la práctica, en razón de la propia autoridad y posición del Presidente de la República, se ha llegado a afirmar de sus miembros que se trata de Superministros. La opinión pública los considera —a los consejeros del Presidente— como un auténtico gobierno en la sombra [67]. Ha llegado incluso a hablarse del *povoir souverain de l'Elysée y el rôle subalterne de Matignon* [68]. En todo caso, se trata de agentes de estudio y de información que pemiten al Presidente de la República ejercer su autoridad efectiva sobre los ministerios [69].

Dado el carácter de sistema republicano mixto (con características presidencialistas y parlamentarias al mismo tiempo), el papel del Eliseo debe ser tenido en cuenta en relación con el del Matignon (el órgano administrativo al servicio del Gobierno). Ambos son estados mayores políticos de importancia y estructura comparables. Como ha dicho MASSOT, bien sea en cohabitación, coexistencia o colaboración, el Elíseo y Matignon no son gran cosa el uno sin el otro [70]. La estrecha coordinación del trabajo de ambos es, pues, inexcusable [71].

---

66 Cfr. sobre la estructura, funcionamiento y evolución del Secretariado General, Jean MASSOT, *La Présidence de..., obra citada,* pp. 52-55.

67 Ver Jean MASSOT, *La Présidence de..., obra citada,* p. 55.

68 Ver Martín BASSOLS COMA, *Instituciones administrativas al..., obra citada,* p. 169.

69 Cfr. Charles DEBBASCH, *Institutions et droit..., obra citada,* p. 137.

70 Jean MASSOT, *Chef de l'Etat..., obra citada,* París, 1993, p. 142.

71 Sobre la articulación del Elíseo y Matignon en los procesos de

c) *El Präsidentschaftskanzlei austríaco*

El *Präsidentschaftskanzlei,* el Gabinete de la Presidencia de la República de Austria, es un organismo cuya función es ayudar al Presidente de la República en el cumplimiento de sus funciones constitucionales [72].

No existe ley alguna que regule su organización o funcionamiento, aunque aparece cada año en la ley de presupuestos y en el *Amtskalender* (Diario oficial) [73]. El funcionamiento interno se recoge en un reglamento *(Kanzleiordnung)* elaborado por el propio *Präsidentschaftskanzlei.*

Las competencias del Presidente de la República, y por tanto también de forma indirecta las de su Gabinete, aparecen descritas en la Constitución [74].

Al frente del *Präsidentschaftskanzlei* se encuentra el Jefe de Gabinete *(Kabinettsdirektor),* que a su vez dirige la Oficina Austríaca de Distinciones Honoríficas *(Österreichische Ehrenzeichenkanzlei),* organización subordinada al Gabinete de la Presidencia [75].

El *Präsidentschaftskanzlei* se compone del Director del Gabinete, el Subdirector del Gabinete, los Secretarios del Gabinete, el Director-administrativo del Gabinete y el Ayudante Militar del Presidente Federal [76]. Dispone, ade-

---

decisión: consejos, comités, reuniones interministeriales, etc., ver Jean MASSOT, *La Présidence de..., obra citada,* pp. 66-68.

[72] Cfr. Klaus BERCHTOLD, *Der Bundespräsident,* Viena/Nueva York, 1969, p.10.

[73] Ver Manfried WELAN, *Das österreichische Staatsoberhaupt,* en «Österreichisches Jahrbuch für Politik» (Andreas KHOL/Günther OFNER/ Alfred STIMEMANN, editores), vol. II, Viena, 1985, p. 12.

[74] Cfr. Klaus BERCHTOLD, *Der Bundespräsident, obra citada,* p. 10.

[75] Ver BGBl núms. 210/1960, 96/1961, 63/1962, 64/1964.

[76] Cfr. Klaus BERCHTOLD, *Der Bundespräsirdent, obra citada,* p. 11.

más, de departamentos propios de información y de relaciones con la prensa [77].

En la práctica, el *Präsidentschaftskanzlei* tiene menos relevancia política que el Elíseo francés o las Casas del Rey o de la Reina en las distintas Monarquías Constitucionales europeas. Ello se debe a que se trata de un órgano que se enmarca en un régimen republicano y parlamentario, por un lado, en el que el Presidente no cuenta con poderes propios, y a que la función simbólica propia de todo Jefe de Estado suele ser ejercida con menos intensidad en las Repúblicas no presidencialistas que en las Monarquías Parlamentarias, por las razones ya expuestas.

d) *La Casa del Rey en la Monarquía belga*

En Bélgica el Rey es inviolable e irresponsable [78]. No tiene poderes propios, pero sí funciones constitucionales que debe cumplir [79]. Para ello cuenta con todos los medios del Poder Ejecutivo. En particular dispone de un determinado número de funcionarios y personal a su servicio directo. Estos asistentes se integran en la Casa del Rey [80].

A pesar de que la Casa del Rey belga asiste a éste en cuestiones administrativas y de asesoramiento, con frecuencia su trabajo, a pesar de que no debe ni puede tener matices partidistas, tiene claras implicaciones políticas por el tipo de materias que se abordan.

---

77 Cfr. Klaus BERCHTOLD, *Der Bundespräsident, obra citada,* p. 10.

78 Cfr. P. PETERS/A. ALEN, *Head of State,* en «Treatise on Belgian Constitutional Law» (A. ALLEN, editor), Deventer/Boston, 1992, p. 61.

79 Ver Cfr. P. PETERS/A. ALEN, *Head of State, obra citada,* p. 62.

80 Ver A. MOLITOR, *La fonction royale en Belgique,* Bruselas, 1979, p. 117.

El Jefe de la Casa asiste al Rey de los belgas en cuestiones relativas a su función como Jefe de Estado, en particular en lo concerniente a sus funciones simbólica y representativa. En este sentido, también asesora y ayuda a la Reina consorte, o al consorte de la Reina, tanto cuando actúa junto al Rey, como cuando lo hace por sí misma. Aquí puede observarse cómo, a diferencia de lo que sucede en relación con los órganos al servicio de la Jefatura del Estado en sistemas republicanos, donde las implicaciones familiares no son relevantes desde un punto de vista iuspublicista, en el caso de las Monarquías Parlamentarias, como ya se ha visto al estudiar la Casa de S. M. el Rey española, y ahora en el caso de la belga, las implicaciones de la familia nuclear del Rey, especialmente en las funciones simbólicas y representativas —las arbitrales y moderadoras, cuando las tiene, como en el caso español, suele ejercerlas directa y exclusivamente el Monarca—, son evidentes, lo que provoca que la acción de los órganos de apoyo, asesoramiento e información se extienda también a los componentes de dicha familia. En este sentido, la Casa del Rey belga, como la española, coordina las actividades no sólo del Rey y de la Reina, sino también del Príncipe o la Princesa heredera y del resto de la Familia Real.

La Casa del Rey en Bélgica es, como en España, responsable de la organización de todas las ceremonias que tienen lugar en la residencia real. Además, la Casa del Rey se ocupa de la organización de los viajes reales, tanto al extranjero como dentro de Bélgica, ya sean visitas oficiales o particulares; de la asistencia y coordinación en todo tipo de actos, en Bélgica o en el extranjero, en los que participe algún miembro de la Familia Real e interviene en la aceptación de las cartas credenciales del Cuerpo Diplomático.

La autonomía del Jefe de la Casa del Rey belga es, dentro del marco de sujeción plena, directa y exclusiva al Monarca, muy amplio. De hecho, el Jefe de la Casa sugiere en ocasiones la concesión de audiencias a determinadas personas [81].

Dentro de la Casa del Rey, la Oficina del Rey es responsable de la asistencia al Monarca en asuntos políticos y administrativos, de relaciones con el Gobierno [82].

La principal función de la Oficina del Rey es mantener informado al Monarca de todos los asuntos relacionados con la política. En ocasiones, cuando —por ejemplo— se producen crisis de Gobierno, el trabajo de la sección de Política Nacional adquiere especial relevancia.

El Rey mantiene periódicamente audiencias con personas que pertenecen a distintos espectros sociales y políticos para adquirir información adicional. La mayoría de estos encuentros son organizados directamente por la Oficina del Rey.

Diariamente el Rey debe firmar decretos y leyes parlamentarias en su calidad de Jefe de Estado. La Oficina del Rey debe examinar previamente los documentos y adjuntar la información necesaria, de forma que el Rey esté en todo momento informado del sentido y alcance de los documentos que suscribe.

La Oficina del Rey se ocupa, asimismo, de asuntos internacionales y mantiene al Rey informado diariamente, en colaboración con el Ministerio de Asuntos Exteriores, de los más importantes acontecimientos y evoluciones experimentadas en el extranjero.

---

[81] Ver A. MOLITOR, *La fonction royale..., obra citada,* pp. 124-125.

[82] Ver A. MOLITOR, *La fonction royale..., obra citada,* p. 129.

En la Oficina del Rey existe un encargado de las relaciones con los medios de comunicación. Esta persona también es responsable de preparar para el Rey un *dossier* de prensa, nacional e internacional, en el que se recoge la información considerada como más relevante.

La Oficina del Rey ayuda, asimismo, al Monarca en ciertas funciones que, si bien no pueden ser consideradas directamente como políticas, sí suponen una relación con el Gobierno. Es el caso del ejercicio del derecho de gracia, la concesión de distinciones honoríficas o títulos nobiliarios, el ejercicio del derecho de petición, el otorgamiento del distintivo de *marcas de interés público,* el patronazgo real de determinados organismos o eventos, y la concesión del título de *Sociedad Real.*

La Casa del Rey tiene un Cuarto u Oficina Militar. Este es responsable de informar al Rey sobre asuntos estratégicos y militares, tanto nacionales como internacionales. Asiste al Rey en todo lo concerniente a los asuntos relaciones con las Fuerzas Armadas.

En el Cuarto Militar se integran el Ayudante de Campo del Rey y varios Oficiales, que asimismo tienen la función de asistir al Monarca en los asuntos de su competencia. Los miembros del Cuarto Militar tienen las mismas funciones, obligaciones y estatuto que los miembros civiles de la Casa.

Los miembros del Cuarto Militar forman parte de la estructura jerárquica de las Fuerzas Armadas. Son nombrados, al igual que en España, mediante Real Decreto, y no por decisión autónoma de la Casa [83].

---

[83] Ver A. MOLITOR, *La fonction royale..., obra citada,* p. 135.

En la [illegible] del Rey [illegible] relaciones [illegible] también [illegible] preparar para el Rey [illegible] de información [illegible] información [illegible] relevante.

La Oficina del Rey [illegible] al mismo [illegible] ciertas funciones [illegible] directamente [illegible] el Gobierno [illegible] caso [illegible] la concesión de distinciones honoríficas [illegible] el ejercicio [illegible] distintivo [illegible] [illegible] de la [illegible].

La Casa del Rey [illegible] Cuarto [illegible] Oficina [illegible] corresponde [illegible] al Rey [illegible] gados y [illegible] Armada [illegible] siones [illegible] Fuerzas Armadas.

La [illegible] de Casa del Rey [illegible] al mismo tiempo tienen la función de asistir al Monarca [illegible] competencia. Los [illegible] Cuarto Militar tienen las mismas funciones, [illegible] que los miembros [illegible] de la Casa.

Los miembros [illegible] forman parte de la estructura [illegible] de las Fuerzas Armadas. Son nombrados, al igual que en España, mediante Real Decreto [illegible] por decisión [illegible].

VIII. CONCLUSIONES

Se presentan a continuación algunas de las conclusiones alcanzadas.

1. La Casa de S. M. el Rey es un órgano de naturaleza pública al servicio de la Jefatura del Estado, con gran relevancia política e institucional. Ello es debido, fundamentalmente, a que ayuda, asesora e informa a S. M. el Rey en el ejercicio de todas sus funciones constitucionales. La Casa de S. M. el Rey no sólo asiste al Jefe del Estado en cuestiones administrativas y de asesoramiento. Su trabajo —también de relación con otros órganos constitucionales, con la opinión pública y con la sociedad en general— tiene claras implicaciones políticas —no partidistas— por el tipo de materias abordadas.

2. Tanto la propia evolución histórica de la Casa de S. M. el Rey como su configuración actual ofrece elementos interpretativos auxiliares y complementarios para el análisis jurídico-constitucional de la Monarquía Parla-

mentaria española e ilustra el cambio cualitativo experimentado en la concepción y en el ejercicio de una Jefatura de Estado de tipo monárquico en relación con otras etapas históricas. A raiz de la emergencia del constitucionalismo, en torno a la Casa del Rey se van a forjar y moldear los perfiles más característicos que registran la transformación de la Monarquía absoluta en Monarquía constitucional primero y parlamentaria después.

La institución monárquica se identifica históricamente con el fenómeno cortesano. Desde sus origenes, la Casa del Rey ha sido una institución con una dependencia directa de la persona del Rey. Desde que en el medievo de la Casa del Rey se desgajara lo que hoy se denomina Administración Pública y a pesar de ciertas experiencias históricas puntuales posteriores, siempre ha existido una separación entre la Casa del Rey y la Administración civil. Esta separación se consolida en la época posterior a la Revolución francesa.

La Casa del Rey encuentra expresa mención y reconocimiento en la mayoria de los textos del constitucionalismo histórico español. En todo caso, aunque en ocasiones sólo encontrase asiento en disposiciones de rango infraconstitucional, siempre ha existido —aun en los períodos republicanos— una institución con funciones administrativas al servicio de la Jefatura del Estado. Las características básicas de todas ellas siguen presentes en la actual configuración: dependencia directa del Jefe del Estado —de un lado—, y separación de la Administración pública e independencia —de otro.

3. La actual Casa de S. M. el Rey, que nace con la proclamación del Príncipe don Juan Carlos como Rey y Jefe del Estado en virtud de lo dispuesto en las Leyes

Fundamentales del Régimen anterior, encuentra asiento constitucional directo en el artículo 65 de la Constitución española, párrafos uno y dos.

4. La existencia de la Casa de S. M. el Rey descansa en un triple fundamento. El primero de ellos es el de asegurar la irresponsabilidad e inviolabilidad del Monarca (también ésta es una de las más importantes funciones de la Casa del Rey belga o del *Segretariato generale* de la República italiana). El segundo es el de garantizar su independencia y el adecuado cumplimiento de sus funciones constitucionales. El tercero es la necesidad de asistencia personal y familiar de orden doméstico al Rey, así como administrar la Dotación de la Corona. De igual modo ocurre con las Casas del Rey de las Monarquías Parlamentarias. En el caso de los organismos al servicio de las Jefaturas de Estados republicanos, bien sean presidencialistas o parlamentarios, el fundamento básico de aquéllos es, principalmente, el de garantizar la independencia y el adecuado cumplimiento de sus funciones constitucionales.

5. Si la gestión o administración de los asuntos propios del Rey y su familia, incluidos los domésticos, estuviese encomendada a un organismo insertado en la Administración Pública, la independencia que la Corona (o, en su caso, la Jefatura del Estado) necesita para el cumplimiento de sus funciones constitucionales podria verse amenazada y la posibilidad de injerencia del Ejecutivo en un órgano estatal de la relevancia de la Jefatura del Estado, multiplicada.

En los sistemas republicanos los organismos al servicio del Jefe del Estado se limitan, al menos desde un punto de vista formal-constitucional, a prestarle asistencia a éste en cuanto tal, es decir, con respecto a sus funciones constitucionales y exclusivamente a su persona. La Casa de S. M. el Rey española, como la del resto de las Monarquías Parlamentarias, extiende su asistencia a la familia del Rey y a todos los aspectos domésticos de ésta. Ello se fundamenta en el principio hereditario, en virtud del cual cualquier miembro de la familia del Rey puede ser llamado a ocupar la Jefatura del Estado. Por este motivo, disfrutan también del carácter simbólico y representativo propio de la realeza desde su nacimiento. En los sistemas monárquicos, la familia del Rey tiene gran relevancia para el Derecho Público. Por ese motivo, y porque de hecho los miembros de la familia del Rey —la Reina, el Príncipe de Asturias, las Infantas y consortes— asumen funciones representativas y simbólicas, siempre de acuerdo con el Rey y con las respectivas instituciones del Estado —principalmente el Gobierno—, la Casa de S. M. el Rey les sirve también a ellos, existiendo dependencias y funcionarios dedicados exclusivamente a la gestión de sus asuntos.

6. Las funciones de la Casa de S. M. el Rey se prestan a una catalogación dual. De un lado están los servicios internos o cuasidomésticos, como la administración de la Dotación y su distribución, la ordenación de los servicios internos, el protocolo, la seguridad o la intendencia. De otro lado existen servicios con repercusiones externas, como las relaciones con los poderes Ejecutivo, Legislativo y Judicial, con las Fuerzas Armadas, con particulares, etc. Especial atención merece el ejercicio del derecho de petición de los militares ante el Rey, ya que se trata del ejercicio de un derecho fundamental con las máximas garantías (art. 29.2 CE), en el entorno más cercano del Rey y con directa intermediación de su Casa. De igual forma sucede con la Casa del Rey en Bélgica. Sin embargo,

las funciones de los órganos de asesoramiento al Jefe del Estado en los sistemas republicanos, básicamente proporcionar asesoramiento e información al Presidente Federal, así como cuidar la preparación de los actos oficiales, sólo pueden ser calificadas como de naturaleza externa.

7. En la organización y funcionamiento de la Casa de S. M. el Rey destaca la posición del Jefe de la Casa. Se trata de su figura central, después, lógicamente, de la del propio Monarca. En torno a aquél giran la mayoría de las funciones de la Casa del Rey, al menos las más relevantes. Si antes decíamos que una de las más importantes funciones de la Casa es asegurar la irresponsabilidad e inviolabilidad regias, y esto se instrumentaliza en el derecho constitucional comparado a través de la figura del refrendo, la mayor virtualidad de la figura del Jefe de la Casa de S. M. el Rey es que hacia ella deriva la responsabilidad regia —que nunca puede llegar a existir como tal— por los actos personales o domésticos del Rey que no pueden ser refrendados por el Presidente del Gobierno, del Congreso de los Diputados o por los Ministros competentes en su caso. Además, en su persona recaen las más importantes tareas de coordinación y comunicación con otros órganos del Estado.

Otros órganos de la Casa del Rey son el Secretario General, el Cuarto Militar, la Guardia Real y el Servicio de Seguridad. El Secretario General, como Segundo Jefe, es el sustituto del Jefe de la Casa en casos de ausencia o enfermedad de éste. El Cuarto Militar apoya al Rey en sus relaciones con las Fuerzas Armadas, y gestiona el derecho de petición de los militares ante el Rey. Hasta 1987 el Jefe del Cuarto Militar era la segunda autoridad de la Casa, ya que sustituía a éste. A raíz del Real Decreto 1677/1987, es el Secretario General el que ostenta la condición de Segundo Jefe. El dato refleja el papel puramente subordinado que en el régimen constitucional han adquirido las Fuerzas Armadas. A la Guardia Real compete proporcionar el servicio de Guardia Militar, rendir honores y dar escolta al Rey, a los miembros de su familia que se determinen, y a los Jefes de Estado extranjeros de visita oficial en España. El Servicio de Seguridad es responsable de la seguridad inmediata de la Familia Real.

Las personas que trabajan para la Casa de S. M. el Rey podrán estar sometidas al derecho laboral mercantil o administrativo, en función de la naturaleza de su relación contractual. En su caso, son empleados públicos en la medida en que lo son de un órgano del Estado, y están sujetas a un ordenamiento particular y a la autoridad del Jefe de la Casa y, en última instancia, a la del Monarca.

8. El margen de autonomía que las funciones arbitral, simbólica y moderadora suponen para el Rey, que no tiene poderes propios, encuentra una directa traslación en la Casa de S. M. el Rey, que goza de autonomía y sólo está sujeta a las indicaciones del Monarca.

9. Las continuas relaciones que la Casa de S. M. el Rey tiene con el resto de los órganos constitucionales, especialmente con la Presidencia del Gobierno, hacen de ella uno de los protagonistas del juego institucional de los altos órganos del Estado. Especial dimensión adquiere esta participación en la vida pública del país en momentos tales como el de la propuesta regia del candidato a Presidente del Gobierno, tras la celebración de elecciones generales. En esos momentos la función arbitral del Rey hace que, en virtud de lo dispuesto en el artículo 62.*d),* el Monarca reciba en audiencia a los distintos líderes parlamentarios. La labor de la Casa de S. M. el Rey de coordinación, de información al Monarca y de relación con los

medios de comunicación es de un destacado protagonismo, siempre en colaboración con el Presidente del Congreso de los Diputados, que es quien en definitiva refrenda en este caso la actuación del Monarca.

10. La naturaleza jurídica de la Casa de S. M. el Rey es la de una organización estatal no inserta en la Administración Pública: un complejo orgánico de naturaleza pública no integrado en la Administración. El propio Tribunal Constitucional ha calificado de *nítida* la separación entre la Casa y las Administraciones Públicas.

11. Un tema especialmente controvertido es el uso de la categoría normativa del Real Decreto, propia del poder reglamentario del Gobierno, para regular la estructura y funcionamiento de la Casa de S. M. el Rey. Tanto el legislador como la doctrina han visto aspectos negativos en ello. Así, el Real Decreto 310/1979, de 13 de febrero, afirmaba en su exposición de motivos que sería la última vez que se utilizaba tal tipo de norma para regular la estructura y funcionamiento de la Casa de S. M. el Rey, sosteniendo que en aquel momento se hacía porque así se había venido haciendo anteriormente, y que en el futuro las reorganizaciones serían plenamente libres para S. M. el Rey. La mayoría de la doctrina ha considerado el uso del Real Decreto como *vejatorio* con respecto a la Corona. De una u otra expresión podría pensarse que la autonomía que la Corona recibe para sus cuestiones domésticas en virtud del tenor literal del artículo 65 de la Constitución ha sido cercenada con ocasión de la forma utilizada en las reestructuraciones experimentadas, al utilizar para ello el Real Decreto, que es una norma que aprueba el Consejo de Ministros en ejercicio de la potestad reglamentaria. Pienso que la utilización del Real

Decreto, que volvió a repetirse en 1988 con la aprobación del Real Decreto 434/1988, de 6 de mayo, sobre reestructuración de la Casa de Su Majestad el Rey, es una positiva práctica constitucional por los siguientes motivos que a continuación se exponen.

No supone limitación alguna de la voluntad del Monarca. Al menos desde una perspectiva material. En la práctica, y no debería ser de otra forma, las reestructuraciones son consensuadas entre el Ejecutivo, la Corona e incluso las más importantes fuerzas políticas. Además, debe considerarse que la Constitución no confiere expresamente libertad al Monarca para estructurar o reestructurar su Casa, sino para distribuir libremente la cantidad global que recibe de los Presupuestos del Estado para el sostenimiento de su Familia y Casa (art. 65.1 CE), y para nombrar y separar libremente a los miembros civiles y militares de su Casa (art. 65.2 CE). La necesidad de que sea una cuestión consensuada es obvia. Así, por ejemplo, si —como se dispuso en 1988— el Segundo Jefe de la Casa (figura que puede desempeñar en ciertas circunstancias un importante protagonismo en el juego político-institucional como se ha visto) debe ser el Secretario General y no el Jefe del Cuarto Militar, el Ejecutivo debe tener algo que decir. Se hace por tanto necesario el consenso, ya que tampoco deberían el Gobierno o el Parlamento regular un organismo tan cercano a la persona del Monarca sin contar con sus consideraciones, puntos de vista e intereses.

El uso del Real Decreto viene a suponer que la voluntad del Rey, que de hecho se ha recogido sin duda en todas las reestructuraciones habidas, sea refrendada por el Presidente del Gobierno. Aparece por tanto justificado por la articulación de distintos intereses y necesidades de las altas instituciones del Estado y por la propia juridicidad estatal. Representa, pues, la materialización del fluido entendimiento existente entre Jefatura del Estado y Gobierno, sea cual fuere el signo o color político de éste.

A sostener esta interpretación ayudan, por ejemplo, el Real Decreto 323/1995, de 3 de marzo, por el que se concede, con carácter vitalicio, la facultad de usar el título de Duquesa de Lugo a la Infanta Elena, y el Real Decreto 469/1993, de 1 de abril, por el que se declaran días de Luto Nacional y se disponen los honores fúnebres con motivo del fallecimiento del Conde de Barcelona. Siendo ambos Reales Decretos, y por tanto, normas propias del Consejo de Ministros, en ambos textos el Rey habla en primera persona («He tenido a bien concederle...»; «Ante el fallecimiento de mi Augusto Padre...»), lo que evidencia que Titular de la Corona —determinando el contenido— y Ejecutivo, productor formal de la norma, mostrando su consentimiento y refrendándolo, son autores, o coautores materiales del Real Decreto. En el mismo Real Decreto 469/1993, de 1 de abril, S. M. el Rey tras hablar en primera persona dice disponer «a propuesta del Presidente del Gobierno y previa deliberación del Consejo de Ministros...». Todo ello es muestra de esa práctica de actuación conjunta.

Dado que no existe cauce reglamentario específico para canalizar la capacidad normativa que la Corona pueda tener en cuanto titular de un órgano de relevancia constitucional (y que debe ser similar a los otros existentes), la única alternativa hubiera sido acometer las reestructuraciones de su Casa mediante norma con fuerza de ley. La voluntad del Jefe del Estado habría tenido que ceder ante la superior, por soberana, del Parlamento. El tradicional proceso deliberativo de éste y el régimen de opinión pública que impera en los sistemas demoliberales hubiera posibilitado —cuando no propiciado— en los obligados debates voces discrepantes.

Ello habría supuesto someter al necesariamente desgastador debate político una cuestión que afecta a una institución necesitada *per se* de consenso generalizado. No parece que esa fuera la voluntad del constituyente, que diseñó el Titulo II de la Constitución de forma que la Jefatura del Estado quedase al margen del juego dialéctico propio de la confrontación política. Parece, pues, conveniente que si bien las soluciones adoptadas no vayan en contra de nadie, sí se hagan de la forma más discreta posible. El Real Decreto parece el instrumento adecuado. Esto no significa hurtar al Parlamento una materia que pudiera corresponderle, sino obtener el necesario consenso de los distintos agentes, todos ellos con directa o indirecta legitimidad democrática, mediante un mecanismo alternativo (ciertamente extraparlamentario), pero igualmente válido y admisible desde el punto de vista del Derecho Constitucional.

En todo caso parece posible considerar que, desde la perspectiva material, el Real Decreto que dispone o reestructura la organización y funcionamiento de la Casa de S. M. el Rey tiene fuerza de ley, pues se incardina directamente bajo la Constitución.

En resumen, si el contenido del Real Decreto de reestructuración responde a la voluntad del Monarca, como de hecho ha venido siempre sucediendo, la intervención formal del Ejecutivo mediante el Real Decreto sólo viene a suponer coordinación entre las diversas partes implicadas (incluidas las fuerzas políticas, que se comprometen a respetar las fórmulas aceptadas) y aseguramiento de la irresponsabilidad regia. En Italia, por ejemplo, el nombramiento del *Segretario generale,* que dirige el *Segretariato generale,* es refrendado por el Presidente del Consejo de Ministros, una vez oído el Consejo de Ministros. En

Francia, la coordinación entre los órganos administrativos al servicio de la Presidencia de la República (el *Elíseo)* y del Gobierno *(Matignon)* es inevitable. Ya sea en cohabitación, coexistencia o colaboración, el *Elíseo* y *Matignon* no son gran cosa el uno sin el otro. Aunque las características propias del sistema francés y el español impiden extrapolar el símil, también parece adecuado plantear las relaciones de la Casa de S. M. el Rey con la Secretaría de la Presidencia del Gobierno en términos de máxima cooperación. La utilización del Real Decreto hasta la fecha para los fines mencionados es buena prueba de que asi ha sido por ahora.

12. En la cuestión de los nombramientos de los miembros de la Casa de S. M. el Rey también existen problemas parecidos a los anteriormente mencionados. Aun cuando en virtud de lo dispuesto en los artículos 65.2 y 56.3 de la Constitución para evitar la asfixia institucional del Jefe del Estado, puede entenderse que tales actos resultan exentos del refrendo del Presidente del Gobierno, del de sus Ministros o de el del Presidente del Congreso, en la práctica, y por disposición normativa (art. 9.3 del RD 434/1988, de 6 de mayo) tales nombramientos se efectúan también mediante Real Decreto. Esto implica que el Presidente del Gobierno asume, formal y materialmente, el contenido de la disposición. De nuevo, en la práctica es el Monarca el que, siempre en sintonía con el Ejecutivo, acaba decidiendo tales nombramientos. La figura del Real Decreto sirve, también en este caso, para desviar la responsabilidad que el Monarca no puede asumir. En la práctica, la Corona ha dispuesto de un auténtico espacio de libertad para elegir a las personas que integran la Casa de S. M. el Rey. Con el uso del Real Decreto se alcanza una doble finalidad. Se da, en primer término, juridicidad a un auto materialmente libérrimo de la Corona que

tiene, gracias al Real Decreto, categoría normativa. En segundo lugar, se salva el presupuesto constitucional de irresponsabilidad regia al trasladar la responsabilidad del acto al Presidente del Gobierno, que la asume hasta de un acto personal y libre del Rey.

Debe a este respecto considerarse que el respeto a los principios de irresponsabilidad e inviolabilidad del Jefe del Estado sólo dejan dos posibles vias de solución al problema que supondría la responsabilidad que el Monarca podría contraer al realizar los actos que, aun teniendo una clara y al tiempo indeterminada trascendencia y dimensión política, la Constitución, en su artículo 65.2, le atribuye directa y personalísimamente. La primera solución consistiría en extender la figura del refrendo, no exigida ni prohibida por la Constitución, a las facultades previstas en el artículo 65.2 CE. Seria, lógicamente, la más aconsejable. Sin embargo sería un refrendo, llamémoslo así, *a sensu contrario:* el Rey sería autor material de los actos, aunque él y su Casa quedarían formalmente excluidos de la decisión. La segunda posible decisión consistiría en que el Jefe del Estado no fuera el autor material de los nombramientos y separaciones. En último extremo esto podría venir a significar la inconstitucional anulación de las facultades que el artículo 65.2 CE atribuye al Rey.

Me inclino, por tanto, por la primera solución que se ha venido positivamente instrumentando a través del empleo del Real Decreto para ese tipo de decisiones.

Aunque la Constitución no exige el uso de la figura del Real Decreto, tampoco lo prohíbe. Con tal uso se acaba beneficiando, como se ha visto, la propia juridicidad estatal. De otro lado, debe tenerse en cuenta que, como ha dicho LUCAS VERDÚ, las relaciones de la Corona con otros órganos constitucionales se expresan, principalmente, mediante los preceptos correspondientes, pero sin agotar su significado. En cuestiones como ésta se hace patente la necesidad de racionalizar la institución monárquica, y de aplicar con criterios de flexibilidad el derecho positivo. En algunas ocasiones, como la anteriormente mencionada de la reestructuración de la Casa, habrá que conceder al Monarca facultades materiales de libre disposición cuando no lo hace la Constitución. En casos como el que ahora se analiza, a pesar de que el artículo 65.2 CE hable de la total libertad del Monarca para nombrar y separar los miembros de su Casa, debe aplicarse un criterio formalmente restrictivo (utilización del Real Decreto), y materialmente limitador (necesidad de consensuar los nombramientos).

13. El uso del Real Decreto tanto en las distintas modificaciones efectivamente realizadas de la estructura y normas de funcionamiento de la Casa de S. M. el Rey, como en los nombramientos y separaciones de los miembros de la Casa ha sido reiterado y no exceptuado. Ello supone en sí mismo la producción de una norma de derecho consuetudinario con relevancia constitucional. Estamos ante una costumbre *praeter legem* y no *secundum legem*. En cuanto tal, debe serle reconocida el valor normativo que le atribuyen la Constitución y las leyes.

14. La evolución histórica y los propios fundamentos dogmático-funcionales de la Casa de S. M. el Rey determinan una dependencia casi absoluta de ésta con respecto del órgano constitucional al que prestan sus servicios: la Jefatura del Estado. Con independencia de los instrumentos legales utilizados y de la necesaria coordinación al respecto, la autonomía del Monarca en lo que a la compo-

sición y al trabajo de dicho organismo respecta es casi plena.

15. La Casa de S. M. el Rey encuentra paralelismos en el seno de la práctica totalidad de las Jefaturas de Estado, tanto de tipo monárquico como republicano. Ello evidencia un trasfondo común al respecto en el Derecho constitucional comparado.

Estos organismos tienen un origen histórico remoto común en las Casas Reales de las Monarquías medievales. Además, son homologables en cuanto representan el aparato burocrático al servicio de la Jefatura del Estado para el cumplimiento de sus funciones constitucionales.

Todos ellos tienen la naturaleza de organizaciones estatales que, a pesar de tener un claro componente administrativo, no están sujetas a las directrices políticas que la Administración recibe del Gobierno, pues ni son ni pertenecen a ninguna Administración Pública.

Del análisis comparado se desprende que la mayor semejanza en cuanto a funciones, posición institucional e incluso denominación se produce con respecto de los países cuya forma de Estado es la Monarquía Parlamentaria (Bélgica). En las Repúblicas presidencialistas o semi-presidencialistas el órgano al servicio de la Jefatura del Estado adquiere especial importancia gracias a la propia relevancia institucional de la figura a la que sirven (EE.UU. o Francia). En Francia, por ejemplo, se ha llegado a afirmar que los colaboradores especializados del Elíseo encargados de supervisar la acción de los distintos ministerios son una especie de Superministros. También ha llegado incluso a hablarse del *poder soberano* del Elíseo. En las Repúblicas con sistema parlamentario la relevancia pública de los órganos de asesoramiento administrativo al Presidente de la República es menor que en los sistemas republicanos presidencialistas e incluso que en las Monarquías parlamentarias.

En la República Federal de Alemania el Jefe del *Bundespräsidialamt* goza de derecho de participación en las sesiones del Consejo de Ministros. Si bien es necesaria la autorización del Presidente Federal, se trata de un derecho autónomo. En la práctica se trata de una vía más —y privilegiada— de comunicación entre el Presidente Federal y el Consejo de Ministros. En el ordenamiento jurídico español, a pesar de que el Jefe de la Casa de S. M. el Rey ostenta rango de Ministro, no se contempla la posibilidad de que éste pueda asistir a las reuniones del Consejo de Ministros. Sin embargo, sí se prevé que el Rey, a petición del Presidente del Gobierno, presida el Consejo de Ministros a los efectos de ser informado de los asuntos de Estado —art. 62.*g)* CE—. La competencia mencionada concede al *Bundespräsidialamt* la posibilidad de protagonizar en ciertos momentos las relaciones entre los órganos constitucionales Gobierno y Jefe del Estado, que no existe en España. Así, la principal diferencia entre la Casa de S. M. el Rey y el *Bundespräsidialamt* consiste en la misión política fundamental de éste, que no encuentra directa correspondencia en aquélla.

Si bien es cierto que la Monarquía Parlamentaria ha debido ser insertada en un sistema con muchas características más bien propias de un diseño republicano clásico para lograr su homologación en el Estado de Derecho, no lo es menos que los aparatos al servicio de las Jefaturas de Estado republicanas son organismos que encuentran sus raíces —con las transformaciones técnicas y funcionales señaladas— en una de las instituciones monárquicas más tradicionales: la Casa de S. M. el Rey.

La identidad jurídica de la Casa de S. M. el Rey de las Monarquías parlamentarias y de los órganos al servicio de las Jefaturas del Estado en los sistemas republicanos reflejan a la vez la peculiar evolución histórica y la propia naturaleza de las Magistraturas a las que prestan sus servicios y a las que se encuentran sustancial y directamente vinculados. En todo caso, las diferencias e incluso las semejanzas entre aquéllas y éstos ofrecen un crisol ejemplificativo de las propias diferencias y analogías de las formas de Estado monárquica y republicana, una evidencia, en definitiva, de su diferente nervio institucional.

BIBLIOGRAFIA CITADA

AA.VV., *Enciclopedia del Diritto,* Milán, 1989.

AGUIAR DE LUQUE, L./BLANCO CANALES, R., *Constitución Española: 1978-1988,* tomo III, Centro de Estudios Constitucionales, Madrid, 1988.

AJA, E./CARRILLO, M./ALBERTI, E., *Manual de Jurisprudencia Constitucional,* Madrid, 1990.

ALLARA, B., *La struttura della Presidenza della Repubblica*, Milán 1974.

ARAGÓN REYES, M., *Dos estudios sobre la Monarquía parlamentaria en la Constitución española,* Madrid, 1990.

BARILE, P., *Istituzioni di Diritto Pubblico,* Padova, 1987.

BASSOLS COMA, M., *Instituciones administrativas al servicio de la Corona: rey Dotación, Casa de S. M. el Rey y Patrimonio Nacional,* en «La Corona y la Monarquía Parlamentaria en la Constitución de 1978» (Pablo LUCAS VERDÚ editor), Madrid, 1983, pp. 151-196.

BERCHTOLD, K., *Der Bundespräsident,* Viena/Nueva York, 1969.

BIEHL, H., *Die Gegenzeichnung im parlamentarischen Regierungssystem der Bundesrepublik Deutschland,* Berlín, 1971.

BISCARETTI DI RUFFIA, *Diritto Costituzionale,* Nápoles, 1980.

BLANCO VALDÉS, R. L., *Rey, Cortes y Fuerza Armada en los orígenes de la España liberal, 1808-1823,* Madrid, 1988.
BUSCEMA, S., *Autonomia contabile degli organi costituzionali,* Padova, 1958.
COLOMER VIADEL, A., *Los liberales y el origen de la Monarquía Parlamentaria en España,* Madrid, 1988.
CREMADES, J., *Efectos del principio hereditario en las funciones moderadora, arbitral y simbólica del Rey,* en «Estudios sobre la Monarquía Parlamentaria» (Antonio TORRES DEL MORAL/ Yolanda GÓMEZ, editores), Madrid, 1995.
— *El Rey, árbitro,* en «Diario 16», 1 de junio de 1993, p. 4.
— *La formación de Gobierno y el Rey,* en «Diario 16», 25 de junio de 1993, p. 4.
— *La función arbitral de la Monarquía,* en «Annals of the Archive of F. V. i Taberner's Library: Studies in the History of Political Thought, Political and Moral Philosophy, Business and Medical Ethics, Public Health and Juridical Literature», núms. 11/12, 1991, pp. 741-747.
— *Los fundamentos históricos y dogmáticos de la Casa del Rey y del Bundespräsidialamt: un estudio comparativo,* en «Revista de Derecho Político», Madrid, 1992, núm. 35, pp. 149-170.
— *Más sobre el Rey,* en «Diario 16», 31 de enero de 1993, p. 4.
DE ESTEBAN, J., *Constituciones españolas y extranjeras,* tomo I, Madrid, 2.ª ed., 1979.
DE ESTEBAN, J. y GONZÁLEZ TREVIJANO, P. J., *Curso de Derecho Constitucional español,* vol. III, Madrid, 1994.
DEBBASCH, Ch., *Institutions et droit administratifs,* París, 1976.
DÍEZ DEL CORRAL, L., *El liberalismo doctrinario,* Madrid, 1973, tercera edición.
DÍEZ-PICAZO, L. M., *El régimen jurídico de la Casa del Rey: un comentario al artículo 65 de la Constitución,* en «Revista Española de Derecho Constitucional», núm. 6, septiembre-diciembre 1982, pp. 115-138.
ENTRENA CUESTA, R., *Artículo 57,* en «Comentarios a la Constitución» (editor GARRIDO FALLA), Madrid, 1985, pp. 951-961.
— *Artículo 65,* en «Comentarios a la Constitución» (editor GARRIDO FALLA), Madrid, 1985, pp. 1006-1007.

FERNÁNDEZ CAMPO, S., *Prólogo,* en «Aquéllos años» (Julio FEO), Madrid, 1993.
FERNÁNDEZ CAMPO, S., *Prólogo,* en «El Príncipe de Asturias. Su Estatuto jurídico» (A. TORRES DEL MORAL), Madrid, 1997.
FERNÁNDEZ-FONTECHA TORRES, M./PÉREZ DE ARMIÑÁN Y DE LA SERNA, A., *La Monarquía y la Constitución,* Madrid, 1987.
FERNÁNDEZ-MIRANDA CAMPOAMOR, C., *La dotación de la Corona. La Casa del Rey,* en «Revista de Derecho Político», núm. 33, 1991, pp. 125-150.
FUSI, J. P., *Franco,* Madrid, 1985.
FUSILIER, R., *Les Monarchies Parlementaires,* París, 1960.
GARCÍA CANALES, M., *La Monarquía parlamentaria española,* Madrid, 1991.
GARCÍA DE ENTERRÍA, E./FERNÁNDEZ, T.-R., *Curso de Derecho Administrativo I,* Madrid, 1990.
GARCÍA HERRERA, M. A., *Monarchia e Costituzione,* en «Una Costituzione democratica per la Spagna» (Giuseppe DE VERGOTTINI, editor), Milán, 1978, pp. 45-64.
GARCÍA PELAYO, M., *Del mito y de la razón en el pensamiento político,* Madrid, 1968.
GARCÍA-ATANCE Y GARCÍA DE MORA, M. V., *El Patrimonio Nacional,* en «Revista de Derecho Político», núm. 33, 1991, pp. 151-171.
GÓMEZ, Y., *Derecho Político I,* Madrid, 1991.
GRIMM, D., *Deutsche Verfassungsgeschichte 1776-1866,* Frankfurt a. M., 1988.
HERRERO RODRÍGUEZ DE MIÑÓN, M., *Artículo 56 —El Rey—,* en «Comentarios a las Leyes Políticas» (editor O. ALZAGA), vol. V, Madrid, 1983, pp. 39-94.
HUBER, E. R., *Deutsche Verfassungsgeschichte,* vol. 3, Stuttgart, 1963.
HUWAR, G., *Der Erlaß von Rechts- und Verwaltungsverordnungen durch den Bundespräsidenten,* Berlin, 1967.
JIMÉNEZ DE PARGA, M., *El Estatuto del Rey en España y en las Monarquías Europeas,* en «La Corona y la Monarquía Parlamentaria en la Constitución de 1978» (Pablo LUCAS VERDÚ, editor), Madrid, 1983, pp. 111-127.

JIMÉNEZ DE PARGA, M., *El Rey y el Gobierno en Bélgica y Holanda,* en «Estudios de Ciencia Política y Sociología. Homenaje al Profesor Carlos Ollero» (obra colectiva), Madrid, 1972, pp. 329-360.

KÖTTGEN, A., *Bundesregierung und Oberste Bundesbehörde,* en «Die Öffentliche Verwaltung», 1954, pp. 4-10.

KRACK, B. W., *Staatsoberhaupt und Streitkräfte,* Würzburg, 1990.

LASKI, H. J., *The American Presidency,* Londres, 1940.

LEARNED, H. B., *The President's Cabinet,* New Haven, 1912.

LÓPEZ GUERRA, L., *Artículo 65,* en «Comentarios a las Leyes Políticas» (editor O. ALZAGA), vol. V, Madrid, 1983, pp. 355-367.

LÓPEZ RODÓ, L., *La larga marcha hacia la Monarquía,* Barcelona, 1979.

LÓPEZ VILAS, R., *La sucesión en la Corona (Comentarios al art. 57 de la Constitución),* en «La Corona y la Monarquía Parlamentaria en la Constitución de 1978» (Pablo LUCAS VERDÚ, editor), Madrid, 1983.

LUCAS VERDÚ, P., *La Corona, elemento de la Constitución sustancial española,* en «La Corona y la Monarquía Parlamentaria en la Constitución de 1978» (Pablo LUCAS VERDÚ, editor), Madrid, 1983.

MASSOT, J., *Chef de l'Etat et chef du Gouvernement. Dyarchie et hiérarchie,* París, 1993.

— *La Présidence de la République en France. Vingt ans d'élection au suffrage universel, 1965-1985,* París, 1986.

MAUNZ, T./ZIPPELIUS, R., *Deutsches Staatsrecht,* München, 1984.

MEISNER, H. O., *Die Lehre vom monarchischen Prinzip,* Darmstadt, 1969 (nueva impresión de la edición de Breslau de 1913).

MELLADO PRADO, P./GÓMEZ SÁNCHEZ, Y., *En torno a la posible inconstitucionalidad del apartado primero del artículo 57 de la Constitución Española de 1978,* en «Revista de Derecho Político», núm. 22, pp. 175-193.

MENÉNDEZ REXACH, A., *La Jefatura del Estado en el Derecho Público Español,* «Estudios Administrativos», INAP, Madrid, 1979.

MESCHINI, *Profili costituz. e ammin. della dotazione della Presidenza della Repubblica,* Milán, 1974.

MOLITOR, A., *La fonction royale en Belgique,* Bruselas, 1979.
OCCHIOCUPO, N., *Il Segretario generale della Presidenza della Repubblica,* Milán, 1973.
PAINTER, S., *The Rise of the feudal Monarchies,* Nueva York, 1967.
PETERS, P./ALEN, A., *Head of State,* en «Treatise on Belgian Constitutional Law» (A. ALLEN, editor), Deventer/Boston, 1992, pp. 58-62.
RASCH, E., *Die Behörde,* en «Verwaltunsarchiv», núm. 50, 1959, pp. 1-41.
SÁNCHEZ AGESTA, L., *Historia del Constitucionalismo Español,* Instituto de Estudios Políticos, 3.ª ed., Madrid, 1974.
SANTAMARÍA PASTOR, J. A., *Fundamentos de Derecho Administrativo,* vol. I, Madrid, 1989.
SANTAMARÍA PASTOR, J. A., *Sobre la personalidad jurídica de las Cortes Generales. Una aproximación a los problemas de las organizaciones estatales no administrativas,* en «Revista de Derecho Político», núm. 9, pp. 7-20.
SCHLAICH, K., *Der Status des Bundespräsidenten,* en «Handbuch des Staatsrechts» (Josef ISENSEE/Paul KIRCHHOF, editores), vol. II, Heidelberg, 1987, pp. 529-540.
SCHMID, H. D., *Fragen an die Geschichte,* Frankfurt a. M., 1983.
SCHMITT, C., *Teoría de la Constitución* (traducción española por Francisco AYALA), Madrid, 1982.
SEIDEL, D., *Der Bundespräsident als Träger der auswärtigen Gewalt,* Berlín, 1972.
SPATH, F., *Das Bundespräsidialamt,* Düsseldorf, 1990.
STAHL, F. J., *Das Monarchische Princip,* Heidelberg, 1845.
STEIN, E., *Staatsrecht,* novena edición, Tübingen, 1984.
TOMÁS VILLARROYA, J., *Artículo 57 —Sucesión a la Corona—,* en «Comentarios a las Leyes Políticas» (editor O. ALZAGA), vol. V, Madrid, 1983, pp. 95-154.
TORRES DEL MORAL, A., *Constitucionalismo Histórico Español,* 2.ª ed., Madrid, 1988.
— *El oficio de Rey,* en «Diario 16», 4 de abril de 1993, p. 4.
— *El Príncipe de Asturias. Su estatuto jurídico,* Madrid, 1997.

TORRES DEL MORAL, A., *Estado de Derecho y Democracia de Partidos,* Madrid, 1991.
— *La Monarquía parlamentaria como forma política del Estado español,* en «La Corona y la Monarquía Parlamentaria en la Constitución de 1978» (Pablo LUCAS VERDÚ, editor), Madrid 1983, pp. 39-84.
— *Monarquía y opinión pública,* en «Diario 16», 11 de febrero de 1993, p. 4.
— *Principios de Derecho Constitucional Español,* 3.ª ed., vol. 2, Madrid, 1992.
URBANO, Pilar, *La Reina,* Barcelona, 1996.
VIGIER GLARÍA, L. F., *El derecho de petición: algo más que un derecho inofensivo,* en «Revista Española de Derecho Militar», pp. 151-158.
— *La Casa de S. M. El Rey. El Cuarto Militar. Derecho de Petición de las Fuerzas Armadas. El Asesor Jurídico-Militar de la Casa de S. M. El Rey,* trabajo inédito, Madrid, 1994.
VON BISMARCK, O., *Die gesammelten Werke,* vol. 11, segunda edición, Berlín, 1926.
WAHL, R., *Stellvertretung im Verfassungsrecht,* 1971.
WELAN, M., *Das österreichische Staatsoberhaupt,* en «Österreichisches Jahrbuch für Politik» (Andreas KHOL/Günther OFNER/Alfred STIMEMANN, editores), vol. II, Viena, 1985.
WINCKLER, H.-J., *Der Bundespräsident -Repräsentant oder Politiker?,* Opladen, 1967.
WOLFF, J., *Verwaltungsrecht II (Organisations- und Dienstrecht). Ein Studienbuch,* Munich, 1962.

APENDICE DOCUMENTAL

I. NORMAS SELECCIONADAS

DECRETO 2942/1975, DE 25 DE NOVIEMBRE, POR EL QUE SE CREA LA CASA DE SU MAJESTAD EL REY.

(BOE núm. 284, de 26 de noviembre)

Proclamado el Rey el día 22 del presente mes, el Gobierno considera necesario crear la Casa de Su Majestad el Rey y dotarla de los instrumentos que resulten convenientes para su adecuado funcionamiento.

En su virtud, a propuesta del Presidente del Gobierno y previa deliberación del Consejo de Ministros en su reunión del día 25 de noviembre de 1975, dispongo:

Artículo 1.° 1. Se crea la Casa de Su Majestad el Rey, que estará integrada por las Jefaturas de Protocolo, Cuarto Militar, Secretaría de su Majestad el Rey e Intendencia de la Casa del Rey y Patrimonio.

2. Al frente de la misma habrá un Jefe de la Casa del que dependerán directamente los Jefes de las distintas unidades que la forman. Los expresados cargos serán

nombrados por Decreto de Su Majestad el Rey con refrendo del Presidente del Gobierno.

Art. 2.º Al personal que preste sus servicios en dicha Casa de Su Majestad el Rey, a la que se integrarán en cuanto sea posible los miembros de las Casas Civil y Militar del Jefe del Estado y de la Casa del Príncipe, que ahora desaparecen, le será de aplicación lo dispuesto en la Ley de 24 de diciembre de 1962 y demás disposiciones concordantes.

Art. 3.º Se habilitarán los créditos y realizarán las transferencias necesarias para la adecuada dotación de los servicios a que se refiere esta disposición.

Art. 4.º Para la aplicación y desarrollo de este Decreto se dictarán por los Ministerios de la Presidencia, Ejército, Marina y Aire las normas necesarias.

Disposición final.—Se deroga el Decreto de 10 de octubre de 1939 y cuantas disposiciones se opongan a lo determinado en el presente Decreto, que entrará en vigor el mismo día de su publicación.

Así lo dispongo por el presente Decreto.

Dado en Madrid a 25 de noviembre de 1975.

JUAN CARLOS R.

El Presidente del Gobierno,
CARLOS ARIAS NAVARRO

REAL DECRETO 434/1988, DE 6 DE MAYO, SOBRE REESTRUCTURACIÓN DE LA CASA DE S. M. EL REY.

(BOE núm. 112, de 10 de mayo)

Iniciada la reestructuración de la Casa de Su Majestad el Rey por el Real Decreto 1677/1987, de 30 de diciembre, ha llegado el momento de completarla de tal forma que, aún sin estar integrada en la Administración del Estado, se apliquen a su organización y funcionamiento determinados principios y criterios de la misma.

En el desarrollo de su cometido, las distintas dependencias de la Casa vienen manteniendo relaciones con las restantes de la Administración, presididas en todo momento por el mayor espíritu de colaboración y armonía. No obstante, para conseguir una mayor fluidez y más perfecta claridad en el grado en que dichas relaciones se mantienen, por el presente Real Decreto se regulan los niveles que han de reconocerse a los titulares de los órganos superiores de dirección de la Casa, si bien no se incluyen en esta regulación a los del Cuarto Militar y Guardia Real, por tratarse de destinos exclusivos para el personal militar que como tal presta sus servicios, y a los que es de aplicación su legislación específica.

Con la nueva normativa se armoniza también el régimen del personal que presta sus servicios en la Casa de Su Majestad el Rey en puestos de carácter civil, que hasta la fecha no ha tenido un trato unificado, tanto respecto a su promoción profesional como para la determinación de sus retribuciones complementarias, por razón de su procedencia y vinculación a sus Departamentos de origen. Al propio tiempo, trata de evitarse el posible perjuicio irrogado a aquellos Ministerios que, en algunos casos, no podían cubrir el puesto de trabajo antes desempeñado por el funcionario adscrito a la Casa de S. M. el Rey.

Asimismo, con esta reestructuración se pretende evitar en lo posible, por razones de economía, la creación de órganos de funciones paralelas a los de la Administración del Estado, al establecer que sean los de ésta quienes presten los debidos asesoramientos y apoyos a aquélla.

En su virtud, a propuesta del Presidente del Gobierno y previa deliberación del Consejo de Ministros en su reunión del día 6 de mayo de 1988, dispongo:

Artículo 1.º 1. La Casa de Su Majestad el Rey es el Organismo que, bajo la dependencia directa de S. M., tiene como misión servirle de apoyo en cuantas actividades se deriven del ejercicio de sus funciones como Jefe de Estado.

2. Dentro de esta misión general y además de desempeñar los cometidos de carácter administrativo y económico que correspondan, deberá atender especialmente a las

relaciones del Rey con los Organismos Oficiales, Entidades y particulares, a la seguridad de Su Persona y Real Familia, así como a la rendición de los honores reglamentarios y a la prestación del servicio de escoltas cuando proceda.

Igualmente atenderá a la organización y funcionamiento del régimen interior de la residencia de la Familia Real.

Art. 2.º La Casa de Su Majestad el Rey estará constituida por:

Jefatura.

Secretaría General.

Cuarto Militar y Guardia Real.

Servicio de Seguridad.

Art. 3.º 1. Las funciones y responsabilidades de la Jefatura de la Casa de Su Majestad, además de las que le corresponden con arreglo a la legislación vigente, serán todas aquellas que aseguren el normal funcionamiento de la Casa, así como el cumplimiento de las misiones asignadas a la misma.

Compete especialmente al Jefe de la Casa:

— Ejercer la dirección e inspección de todos sus servicios.

— Mantener comunicación con los Departamentos Ministeriales y otros Organismos superiores de la Administración del Estado o Instituciones para los asuntos que afecten a las funciones de la Casa, ya directamente, ya a través de la Secretaría General o delegando para asuntos concretos en el responsable del servicio que estime oportuno, dentro del nivel correspondiente.

— Formular la propuesta de presupuesto de la Casa de Su Majestad el Rey.

— Disponer los gastos propios de los Servicios de dicha Casa dentro del importe de los créditos autorizados y en la cuantía reservada a su competencia por determinación de S. M. el Rey.

— Firmar los contratos relativos a asuntos propios de la Casa de S. M. el Rey.

— Establecer las normas de coordinación precisas entre la Guardia Real y el Servicio de Seguridad.

2. Dependerán del Jefe de la Casa de Su Majestad todos los Servicios de la misma.

Art. 4.º 1. La Secretaría General tiene a su cargo la tramitación de los asuntos que corresponden a la actividad y funciones de la Casa de Su Majestad el Rey, así como su resolución o propuesta y el despacho de los temas que requieran superior decisión.

El Secretario General será el Segundo Jefe de la Casa de Su Majestad el Rey y le corresponderá la coordinación de todos los servicios de la misma, asi como la sustitución del Jefe de la Casa de Su Majestad el Rey en caso de ausencia o enfermedad.

2. Al Secretario general, como titular de aquélla, le corresponden las siguientes funciones:

— Desempeñar la Jefatura del personal de la Casa y resolver cuantos asuntos se refieren al mismo, con excepción de los que afecten a la organización militar dependiente del Jefe del Cuarto Militar, por delegación del Jefe de la Casa.

— Asumir la inspección de las dependencias de la Casa.

— Disponer cuanto concierne al régimen interno de los servicios generales de la Casa y resolver los respectivos expedientes cuando no sea facultad privativa del Jefe de aquélla.

— Proponer al Jefe de la Casa las resoluciones que estime procedentes en los asuntos de su competencia y cuya tramitación le corresponda.

— Establecer el régimen intemo de las oficinas de la Casa de S. M. el Rey.

— Elevar anualmente al Jefe de la Casa un informe acerca de la marcha, coste y rendimiento de los servicios a su cargo y proponer las reformas que se encaminen a mejorar y perfeccionar los mismos.

— Elaborar los proyectos de planes de actualización y los programas de necesidades de la Casa.

3. La Secretaría General se estructura en las siguientes Unidades:

Secretaria de Despacho.

Actividades y programas.

Relaciones con los medios de comunicación.

Protocolo.

Intendencia.

Centro de Comunicaciones e Informática.

También se integran en la Secretaria General el Registro y Archivo General de la Casa y la Secretaría de Su Majestad la Reina.

Cuando las circunstancias lo aconsejen podrán agruparse dos o más unidades bajo una misma Jefatura de nivel superior.

Art. 5.° 1. El Cuarto Militar constituye la representación de honor de los Ejércitos, al servicio inmediato del Rey, dentro de la Casa de Su Majestad.

2. Estará formado por:

— Un Oficial General en situación de actividad, que será Primer Ayudante de Su Majestad el Rey y Jefe del Cuarto Militar, dependiendo de él a todos los efectos la Guardia Real, por delegación del Jefe de la Casa.

— Ocho Ayudantes de Campo de Su Majestad el Rey, de categoría de Jefes, en situación de actividad, de los cuales cuatro serán del Ejército de Tierra, uno por cada Arma; dos de la Armada, uno de ellos del Cuerpo General y otro de infantería de Marina, y dos del Ejército del Aire, uno de ellos de la Escala del Aire y otro de la de Tropas y Servicios.

Asimismo se integrarán en el Cuarto Militar los Ayudantes de Campo que en su día se designen a S. A. R. el Príncipe de Asturias.

— Un Gabinete.

3. Tanto el Jefe del Cuarto como los demás Ayudantes de Campo de S. M. el Rey, al cesar en su cargo, conservarán el carácter de Ayudantes Honorarios.

Art. 6.° La Guardia Real tendrá como cometidos esenciales:

1. Proporcionar el servicio de guardia militar, rendir honores y dar escoltas solemnes a Su Majestad el Rey y a los miembros de Su Real Familia que se determinen.

— Prestar análogos servicios a los Jefes de Estado extranjeros cuando así se ordene.

2. Estará constituida por una Jefatura y por Unidades a pie, a caballo y motorizada, así como por los servicios correspondientes.

3. Las Unidades de la Guardia Real ocuparán el primer lugar entre las fuerzas militares en los actos oficiales a los que asistan en cumplimiento de las misiones que les corresponden.

4. El Ministerio de Defensa prestará los apoyos de todo orden que precise la Guardia Real para el cumplimiento de sus misiones.

Art. 7.º 1. El Servicio de Seguridad es responsable permanente de la seguridad inmediata de la Familia Real y, conforme a las instrucciones dictadas al efecto, mantendrá el oportuno enlace con los órganos del Estado que ejercen su competencia en esta materia.

2. Estará constituido por una Jefatura y Fuerzas de Seguridad del Estado.

3. El Ministerio del Interior —y el de Defensa en lo referente a la Guardia Civil, cuando proceda— prestará los apoyos de todo orden que precise el Servicio de Seguridad para el cumplimiento de su misión.

4. Para el mejor desempeño de la función encomendada al Servicio, el Jefe del mismo, por delegación del Jefe de la Casa y en casos justificados por la urgencia, podrá establecer las relaciones necesarias con cuantos Organismos sea preciso, así como solicitar su apoyo y colaboración.

Art. 8.º El Personal de la Casa de Su Majestad el Rey podrá ser de las siguientes clases:

a) De Alta Dirección.

b) De Dirección.

c) Funcionarios de carrera de la Administración Civil o Militar del Estado, de las Comunidades Autónomas, de la Administración Institucional y de la Seguridad Social, así como del Poder Judicial y Carrera Fiscal.

d) Funcionarios comprendidos en la disposición transitoria del Decreto-ley 6/1976, de 16 de junio.

e) Funcionarios eventuales.

f) Personal laboral.

Art. 9.º 1. La consideración de personal de alta dirección de la Casa de S. M., a los efectos que en derecho procedan, se referirá sólo a quienes ostenten los cargos de Jefe de la Casa de Su Majestad, Secretario General y Jefe del Cuarto Militar.

2. Tendrán la consideración de personal de Dirección los titulares de la Secretaría de Despacho, Actividades y Programas, Relaciones con los medios de comunicación, Protocolo, Intendencia y Centro de Comunicaciones e Informática, órganos todos ellos de la Secretaría General, así como el Jefe de Seguridad.

3. Tanto el personal de Alta Dirección como el de Dirección, así como aquel otro que en lo sucesivo se considere como tal, será nombrado por Real Decreto.

Art. 10. 1. Todos los miembros civiles y militares de la Casa son nombrados y relevados libremente por S. M. el Rey, a tenor de lo dispuesto en el artículo 65.2 de la Constitución.

2. El personal militar, en activo, destinado en la Casa de S. M. cumplirá, a todos los efectos, las mismas condiciones que los destinados en el Cuartel General de su respectivo Ejército, con independencia de las que corresponden a los destinados en unidades armadas de la Casa.

3. A los funcionarios eventuales les será de aplicación el régimen jurídico previsto para el personal eventual en la Administración del Estado.

4. Al personal laboral le será de aplicación la legislación laboral correspondiente.

Art. 11. 1. Se confeccionará una relación de puestos de trabajo, de carácter no militar, dependientes de la Casa de Su Majestad el Rey. Para su confección se procederá con los mismos criterios que se siguen en la Administración del Estado. Esta relación figurará como apéndice a la del Ministerio de Administraciones Públicas.

2. Los puestos de trabajo de carácter funcional serán desempeñados indistintamente por funcionarios de carrera de la Administración Civil o Militar del Estado, de las Comunidades Autónomas, de la Administración Institucional, de la Seguridad Social, del Poder Judicial o de la Carrera Fiscal, por los comprendidos en la disposición transitoria del Decreto-ley 6/1976, de 16 de junio, y por los eventuales y personal laboral.

3. Cuando un funcionario, civil o militar, pase a prestar servicio a la Casa de su Majestad el Rey a uno de los puestos de trabajo a que se refiere el apartado uno de este artículo, causará baja en el Ministerio u Organismo donde esté destinado, y alta en el Departamento de Administraciones Públicas.

Art. 12. 1. El personal de Alta Dirección, de Dirección, los funcionarios comprendidos en la disposición transitoria del Decreto-ley 6/1976, de 16 de junio, y el personal laboral percibirán sus retribuciones con cargo a la dotación que para el mantenimiento de la Casa de Su Majestad el Rey figure en los Presupuestos Generales, en cumplimiento del artículo 65.1 de la Constitución.

2. El personal que sea funcionario de carrera de la Administración Civil o Militar del Estado, de las Comunidades Autónomas, de la Administración Institucional, de la Seguridad Social, del Poder Judicial o de la Carrera Fiscal y los eventuales percibirán sus retribuciones por el Ministerio de Administraciones Públicas, Departamento en el que figuran como apéndice de su relación los puestos de trabajo desempeñados por estos funcionarios en la Casa.

Art. 13. Por razones de economía administrativa y para evitar en cuanto sea posible la creación en la Casa de S. M. el Rey de órganos con funciones paralelas a los de la Administración del Estado, los distintos Departamentos de ésta proporcionarán a aquélla los informes, dictámenes o asesoramientos de cualquier naturaleza que la Casa solicite, así como cuantos otros apoyos sean necesarios y contribuyan a facilitar el cumplimiento de las misiones que tienen encomendadas.

Por la Presidencia del Gobierno se establecerá con carácter general según los criterios o materias, el trámite a seguir para la solicitud, formalización y curso de las mencionadas informaciones.

Art. 14. En lo sucesivo, cualquier modificación de la Casa de Su Majestad que no afecte a la Administración

Pública, y a tenor de lo previsto en el artículo 65 de la Constitución, será resuelta libremente por S. M. el Rey, ya de una manera directa, ya en nombre suyo por el Jefe de Su Casa.

El jefe de la Casa de S. M. el Rey dictará las normas de funcionamiento interno necesarias para la aplicación del presente Real Decreto.

Art. 15. Por la Presidencia del Gobierno, a iniciativa de los Ministros interesados, se dictarán las disposiciones necesarias para el desarrollo del presente Real Decreto.

DISPOSICIONES ADICIONALES

Primera.—El Jefe de la Casa, el Secretario general, los titulares de Agrupaciones a que se refiere el apartado 3 del artículo 4.º y el personal de Dirección percibirán, respectivamente, las retribuciones que en los Presupuestos Generales del Estado se atribuyen a Ministros, Secretarios de Estado, Subsecretarios y Directores generales.

Segunda.—El régimen de incompatibilidades del personal de Alta Dirección y Dirección será el vigente para los Altos Cargos de la Administración. Al restante personal le será de aplicación el régimen de incompatibilidades del personal al servicio de las Administraciones Públicas.

Tercera.—En las relaciones con los órganos de la Administración del Estado e Instituciones, el personal de Alta Dirección y Dirección de la Casa de S. M. el Rey mantendrá como niveles los señalados a efectos de retribuciones en la disposición adicional primera.

Cuarta.—Respecto a precedencias en actos oficiales se estará a lo que en cada momento disponga el ordenamiento general de aquéllas en el Estado.

DISPOSICION DEROGATORIA

Queda derogado el Real Decreto 310/1979, de 13 de febrero y todas las normas de igual o inferior rango que se opongan a lo dispuesto en el presente Real Decreto.

DISPOSICION FINAL

El presente Real Decreto entrará en vigor el día siguiente de su publicación en el «Boletín Oficial del Estado».

Dado en Madrid a 6 de mayo de 1988.

JUAN CARLOS R.

El Presidente del Gobierno,
FELIPE GONZÁLEZ MÁRQUEZ

REAL DECRETO 657/1990, DE 25 DE MAYO, QUE MODIFICA EL REAL DECRETO 434/1988, DE 6 DE MAYO, SOBRE REESTRUCTURACIÓN DE LA CASA DE SU MAJESTAD EL REY.

(BOE núm. 126, de 26 de mayo)

La necesidad sentida de que el Jefe de la Casa de Su Majestad el Rey cuente con un órgano de apoyo y asistencia inmediata, aconseja que para su creación se modifique, en este sentido el Real Decreto 434/1988, de 6 de mayo.

En su virtud, a propuesta del Presidente del Gobierno y previa deliberación del Consejo de Ministros, en su reunión del día 25 de mayo de 1990.

DISPONGO:

Artículo único.—Se adiciona el artículo 3.° del Real Decreto 434/1988, de 6 de mayo, el siguiente número:

«3. Directamente dependiente del Jefe de la Casa existirá una Oficina, como órgano de apoyo y asistencia inmediata, cuyo titular tendrá la consideración de personal de Dirección y a la que podrán incorporarse hasta cinco miembros, como personal técnico de asesoramiento.»

Dado en Madrid a 25 de mayo de 1990.

JUAN CARLOS R.

El Presidente del Gobierno,
FELIPE GONZÁLEZ MÁRQUEZ

ORDEN INTERNA DE 17 DE ABRIL DE 1996 DE EL JEFE DE LA CASA DE S. M. EL REY, SOBRE SU REESTRUCTURACIÓN.

«Al amparo de lo dispuesto en el artículo 14 del Real Decreto 434/1988, de 6 de mayo, he resuelto, en nombre de Su Majestad el Rey, modificar la estructura de Su Casa en los términos siguientes:

1. La Secretaría General se estructura en las siguientes Unidades:

a) Gabinete de Planificación y Coordinación, del que dependerán la Secretaría de Despacho y Actividades y Programas.

b) Secretaría de Su Majestad la Reina.

c) Secretaría de Su Alteza Real el Príncipe de Asturias.

d) Servicio de Seguridad, del que dependerá el Centro de Comunicaciones e Informática.

e) Relaciones con los Medios de Comunicación.

f) Protocolo.

g) Intendencia.

2. Tendrán la consideración de Personal de Dirección los titulares de las Unidades siguientes: Gabinete de Planificación y Coordinación, Secretaría de Su Majestad la Reina, Secretaría de Su Alteza Real el Príncipe de Asturias, Servicio de Seguridad, Relaciones con los Medios de Comunicación, Protocolo e Intendencia.

3. Quedan suprimidas la Oficina del Jefe de la Casa de Su Majestad el Rey y la Agrupación de Actividades de la Secretaría General.

4. La presente Orden, que surtirá efectos desde el día de la fecha, será trasladada por V.E. a todas las Unidades de la Casa de Su Majestad, para su conocimiento y efectos oportunos».

Real Cédula de 23 de noviembre de 1990 por la que se nombra Rector del Colegio de «San Albano», Seminario de Ingleses de Valladolid, al reverendo Paul Francis Smith.

Por cuanto hallándose vacante el cargo de Rector del Colegio de «San Albano», Seminario de Ingleses, establecido en Valladolid, y teniendo en cuenta lo preceptuado en la Real Cédula de Carlos III de 18 de octubre de 1778, y en la de 29 de agosto de 1830, expedida por Fernando VII, ha tenido a bien nombrar para desempeñar dicho cargo al reverendo Paul Francis Smith, propuesto en primer lugar de la terna por el eminentísimo y reverendísimo Cardenal Hume, Arzobispo de Westminster y Presidente de la Conferencia de Obispos de Inglaterra y Gales, y a quien le fue concedido el oportuno «placet».

Por tanto, he resuelto expedir la presente Cédula, por la cual es Mi Voluntad que vos, Paul Francis Smith, seáis Rector del Colegio de «San Albano», Seminario de Ingleses, establecido en Valladolid, con las obligaciones que imponen sus Estatutos y los emolumentos inherentes al cargo, y mando a las autoridades civiles y eclesiásticas, a quienes corresponda, que os reciban y tengan por tal Rector de dicho Colegio y os guarden y hagan guardar las prerrogativas anejas al cargo, sin que en su ejercicio os pongan ni consientan poner impedimento alguno.

Así lo dispongo por la presente Real Cédula.

Dada en Madrid a 23 de noviembre de 1990.

JUAN CARLOS R.

El Ministro de Justicia,
ENRIQUE MÚGICA HERZOG

REAL DECRETO 323/1995, DE 3 DE MARZO, POR EL QUE SE CONCEDE, CON CARACTER VITALICIO, LA FACULTAD DE USAR EL TÍTULO DE DUQUESA DE LUGO A SU ALTEZA REAL LA INFANTA DOÑA ELENA.

(BOE núm. 54, de 4 de marzo)

En atención a las circunstancias que concurren en Mi muy querida Hija Su Alteza Real Doña Elena de Borbón, Infanta de España, con ocasión de su matrimonio y como prueba de Mi profundo afecto y cariño.

He tenido a bien concederle, con carácter vitalicio, la facultad de usar el título de Duquesa de Lugo.

Así lo dispongo por el presente Real Decreto.

Dado en Madrid a 3 de marzo de 1995.

JUAN CARLOS R.

El Presidente del Gobierno,
FELIPE GÓNZALEZ MÁRQUEZ

II. RELACION NORMATIVA COMPLEMENTARIA *

Orden de 31 de diciembre de 1975, Casa de Su Majestad el Rey. Constituye el Cuarto Militar.

Orden de 28 de enero de 1976, Casa de Su Majestad el Rey. Modifica la Orden de 31 de diciembre de 1975, por la que se constituye el Cuarto Militar.

Real Decreto-ley de 16 de junio de 1976, número 6/1976, Casa de Su Majestad el Rey. Régimen jurídico del personal.

Decreto de 23 de julio de 1977, número 2157/1977, Casa de Su Majestad el Rey. Distintivo.

Orden de 17 de abril de 1978, Casa de Su Majestad el Rey. Tramitación de concesiones y autorizaciones del distintivo.

Real Decreto de 13 de febrero de 1979, núm. 310/1979, Casa de Su Majestad el Rey. Reorganización.

---

* El autor agradece la colaboración de Esther Núñez Romero-Balmas en la preparación de esta relación de disposiciones normativas relativas a la Casa de S. M. el Rey.

Real Decreto de 27 de octubre de 1981, número 2917/ 1981, Monarquía. Registro civil de la Familia Real.

Ley de 16 de junio de 1982, número 23/1982, Patrimonio Nacional.

Orden de 2 de agosto de 1982, número 116/1982, Guardia Real (Regimiento de). Reglamento.

Real Decreto de 4 de agosto de 1983, número 2099/ 1983, Actos Oficiales. Reglamento de ordenación general de precedencias en el Estado.

Real Decreto de 23 de mayo de 1984, número 1023/ 1984, Pasaportes. Expedición de los diplomáticos [art. 3.*a)*].

Real Decreto de 6 de noviembre de 1987, número 1368/ 1987, Monarquía. Régimen de títulos, tratamientos y honores de la Familia Real y de los Regentes.

Real Decreto de 30 de diciembre de 1987, número 1677/ 1987, Casa de Su Majestad el Rey. Reorganización.

Orden de 17 de febrero de 1988, Dirección General de la Policía. Desarrolla la estructura orgánica y funcional, servicios centrales y periféricos (art. 1.2.2).

Ley 19 de julio de 1989, número 17/1989, Fuerzas Armadas. Régimen del personal militar y profesional (art. 74.4; Disposición adicional sexta, 2; Disposición adicional séptima; Disposición final cuarta y quinta).

Real Decreto 29 de diciembre de 1989 número 1668/ 1989, Cuerpo Nacional de Policía, Unidades de Intervención Policial, creación y establecimiento de especialidades de su régimen estatutario [art. 1.*a)*].

Real Decreto de 19 de enero de 1990, núm. 67/1990, Casa de Su Majestad el Rey. Cese del Jefe de la Casa.

Real Decreto de 19 de enero de 1990, número 68/1990, Casa de Su Majestad el Rey. Cese del Secretario general de la Casa.

Real Decreto de 19 de enero de 1990, número 69/1990, Casa de Su Majestad el Rey. Nombramiento del Jefe de la Casa.

Real Decreto de 19 de enero de 1990, número 70/1990, Casa de Su Majestad el Rey. Nombramiento del Secretario general de la Casa.

Real Decreto de 8 de noviembre de 1990, número 1385/1990, Fuerzas Armadas. Reglamento general de adquisición y pérdida de la condición de militar y de situaciones administrativas del personal militar profesional [art. 2.1.1.*c)*].

Real Decreto de 16 de noviembre de 1990, número 1491/1990, Casa de Su Majestad el Rey. Cese del Jefe del Cuarto Militar de la Casa.

Real Decreto de 16 de noviembre de 1990, número 1492/1990, Casa de Su Majestad el Rey. Nombramiento del Jefe del Cuarto Militar de la Casa.

Real Decreto de 1 de abril de 1993, número 469/1993, Monarquía. Declara siete días de Luto Nacional y dispone los honores fúnebres con motivo del fallecimiento de S. A. R. Don Juan de Borbón y Battenberg, Conde de Barcelona.

Real Decreto de 14 de mayo de 1993, número 725/1993, Casa de Su Majestad el Rey. Modifica el Real Decreto

2157/1977, de 23 de julio de 1977. Creación de su distintivo.

Ley 27 de diciembre de 1995, número 44/1995, Patrimonio Nacional. Modifica la Ley 23/1982, de 16 de junio de 1982, reguladora del Patrimonio Nacional.

Orden de 17 de enero de 1996, Ministerio de Defensa. Delegación de facultades de autoridades del Organo Central en materia de convenios y contratos administrativos (art. 1.º.3.1).

III. RELACION DE JEFES Y SECRETARIOS GENERALES DE LA CASA DE S. M. EL REY DESDE SU CREACION

JEFES DE CASA DE SU MAJESTAD EL REY

Nicolás Cotoner y Cotoner (Márques de Mondéjar), noviembre 1975-enero 1990.

Sabino Fernández Campo (Conde de Latores), enero 1990-enero 1993.

Fernando Almansa y Moreno-Barreda (Vizconde del Castillo de Almansa), enero 1993...

SECRETARIOS GENERALES DE LA CASA DE S. M. EL REY

Alfonso Armada y Comyn, diciembre 1975-octubre 1977.

Sabino Fernández Campo, octubre 1977-enero 1990.

José Joaquín Puig de la Bellacasa y Urdampilleta, enero 1990-febrero 1991.

Joel Casino Gimeno, marzo 1991-enero 1993.

Rafael Spottorno y Díaz-Caro, enero 1993...

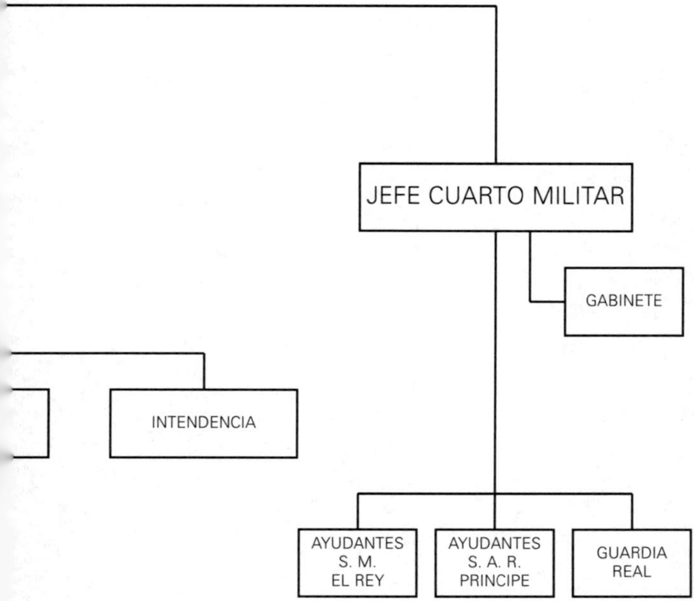
JEFE CUARTO MILITAR
GABINETE
INTENDENCIA
AYUDANTES S. M. EL REY
AYUDANTES S. A. R. PRINCIPE
GUARDIA REAL

IV. ORGANIGRAMA DE LA CASA DE S. M. EL RE

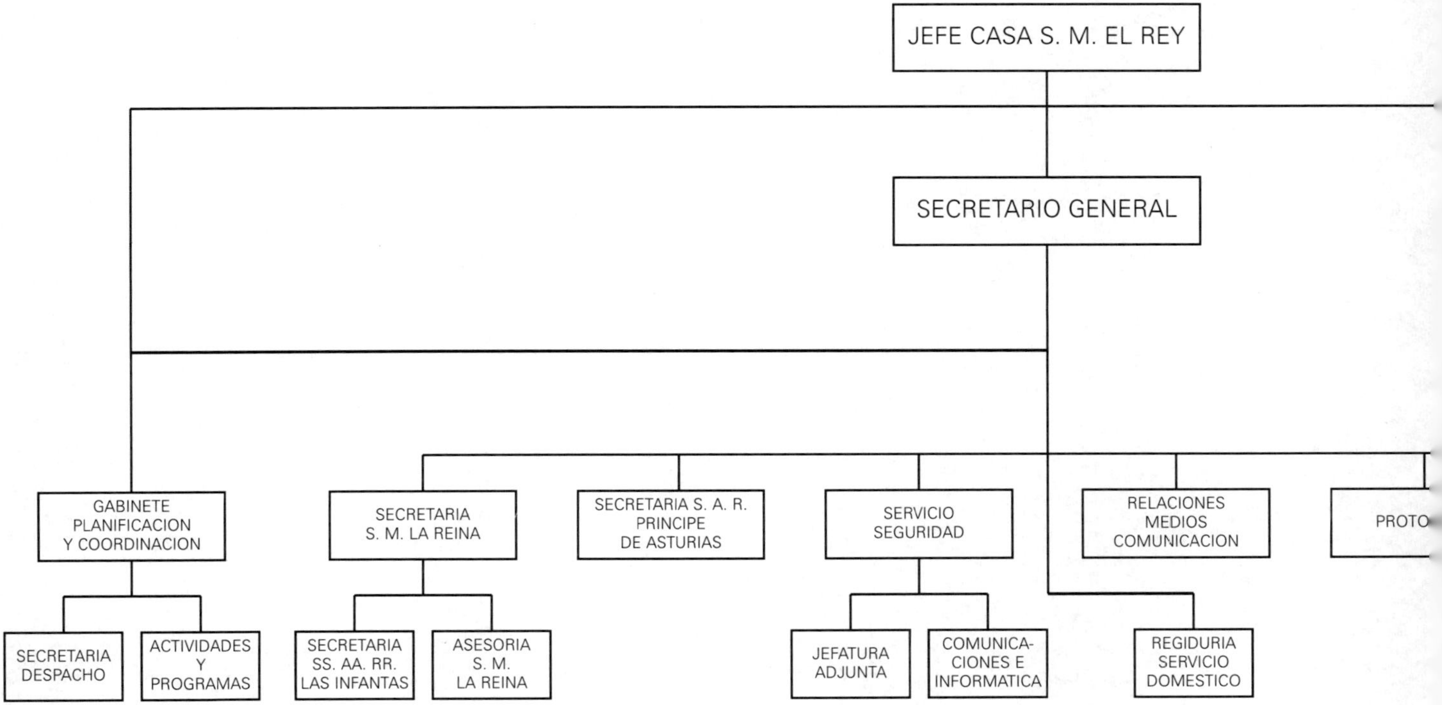